シードブック
保育の心理学

本郷一夫・飯島典子 編著

糠野亜紀・進藤将敏・鈴木智子・平川昌宏・小泉嘉子・山本　信
平川久美子・杉山弘子・八木成和・高橋千枝・市川奈緒子　共著

建帛社
KENPAKUSHA

はしがき

　保育を進める上でまず大事なことは，目の前の子どもをしっかりと理解することであろう。子どもは一人ひとり顔も体も性格も異なる。その点で，子どもはそれぞれ個性をもつ独自の存在である。しかし，一方で子どもたちには共通している点もある。その一つが発達における共通性である。

　発達とは，一般に「受精してから死に至るまでの心身の変化」と定義される。すなわち，乳幼児期だけでなく一生続くものである。そして，その変化の速度や方向性には違いがあるにせよ，人は共通の変化の過程をたどる。本書『保育の心理学』は，そのような子どもの発達に関わる心理学の基礎を習得し，保育・教育の実践に役立てることを目的としている。

　本書は13章から構成されている。明確な区分が設けられているわけではないが，学びの狙いの観点から内容的には大きく3つに分けることができる。まず，第1章，第2章では「子どもの発達を理解する意義」「子どもの発達と保育」といったように，保育の中で子どもの発達を捉えることの意義について学ぶことを狙いとした。次に，第3章～第9章では，身体・運動，認知，言語，感情，社会性，仲間関係といったように各領域の発達がどのように進むのかを学ぶことを狙いとした。さらに，第10章～第13章では，乳幼児期の子どもの学びの過程や特性について学ぶことを狙いとした。子どもの発達は，自動的に起こるわけではなく，周りの環境を通した学びと密接に関わっていると考えられる。

　このような意図のもとに企画された本書を利用して，子どもの現在の姿を形作っている発達を理解し，子どもの現在と未来の発達を支援する保育者・教育者に育ってくれることを願う。

　最後に，本書の企画，編集に際して建帛社編集部の方々には大変お世話になった。本書の構想段階から温かく見守り，迅速で適切な対応をしていただき，ここに心から感謝の意を表したい。

2019年1月

編者代表　本郷一夫

もくじ

第1章　子どもの発達を理解することの意義 …………………… 1
1. 子どもの発達を理解する …………………… 1
（1）発達を理解する意義　1
（2）発達とは　1
（3）発達のメカニズム―獲得と喪失―　2
2. 発達を規定する要因 …………………… 3
（1）遺伝か環境か　3
（2）遺伝も環境も　3
（3）遺伝と環境の相乗作用　4
3. 発達の筋道 …………………… 5
（1）発達段階　5
（2）時期による発達要因の変化　6
4. 初期環境の役割 …………………… 6
（1）臨界期　6
（2）敏感期―ルーマニアの子どもたち―　7
5. 子どもの発達の背景を理解する …………………… 8
（1）子どもの行動の背景の多様さ　8
（2）子どもを取り巻く環境の広さ　9
（3）発達の可塑性　10

第2章　子どもの発達と保育 …………………… 12
1. 子ども観と保育観 …………………… 12
（1）子ども観とは　12
（2）保育観とは　13
2. 子ども・子育てをめぐる変化 …………………… 16
（1）保育の目指すところ　18
（2）子どもの発達と環境　19

(3) 養護と教育の一体性　22

第3章　身体・運動の発達　25
1. 「体力がつく」という言葉の意味　25
2. 胎児期・新生児期における運動発達　26
　(1) 胎児期　26
　(2) 新生児期　26
3. 粗大運動・微細運動の発達と発達の順序性　27
　(1) 粗大運動の発達と順序性　27
　(2) 微細運動の発達と順序性　29

第4章　乳児期・幼児期前期の認知発達　33
1. ピアジェの発達理論　33
　(1) ピアジェ理論の発達の仕組み　33
　(2) 感覚運動的段階　34
2. 認知の発達的特徴　35
　(1) 物に対する認知　36
　(2) 人に対する認知　38
3. 認知発達における大人の援助の役割　40
　(1) 発達の最近接領域と足場づくり　40
　(2) 模倣による学習　40

第5章　幼児期後期・児童期の認知発達　43
1. 幼児期後期における認知・思考の特徴　43
　(1) 前操作的段階　43
　(2) 3次元的認識の形成　44
　(3) 素朴理論　45
　(4) 心の理論　46
　(5) 実行機能とワーキングメモリの発達　47
2. 児童期における認知・思考の特徴　50
　(1) 論理的思考の始まり　50
　(2) 自分の認知や思考についての理解　51
　(3) 科学的概念の獲得　52

第 6 章　言語の発達 ……………………………………………………… *54*

1. 前言語的コミュニケーション ……………………………………… *54*
(1) 泣きとクーイング（生後 0 か月〜 3 か月）　*54*
(2) 喃語とジャーゴン（生後 4 か月〜 11 か月）　*54*
(3) 共同注意と三項関係の成立　*55*
(4) 象徴機能の獲得　*57*

2. 言語的コミュニケーション ………………………………………… *57*
(1) 一語文の成立（1 歳〜 1 歳半）　*57*
(2) 二語文の獲得と多語文の出現（1 歳半〜 3 歳）　*58*

3.「今，ここ」を離れた言語の獲得（3 歳〜 6 歳） …………………… *59*
(1) 会話のための言葉から思考の道具へ　*59*
(2) 相手を意識して会話をすることの理解　*60*
(3) 読み言葉と書き言葉の理解　*60*

4. 子どもの言葉の獲得における養育者の役割 ……………………… *61*
(1) 言語獲得援助システム　*61*
(2) 会話場面における足場の提供　*63*

第 7 章　感情の発達 ……………………………………………………… *65*

1. 感情とその機能 ……………………………………………………… *65*
(1) 感情とは　*65*
(2) 感情の機能　*65*
(3) 社会情動的発達　*66*

2. 感情の成立と分化 …………………………………………………… *67*
(1) 感情の分化　*67*
(2) 基本的感情と社会的感情　*67*
(3) 認知の発達と感情の発達との関係　*69*

3. 感情調整と表出 ……………………………………………………… *69*
(1) 感情調整　*69*
(2) 感情調整の発達　*70*
(3) 感情の表出　*70*

4. 他者の感情理解 ……………………………………………………… *71*
(1) 感情理解の発達　*71*
(2) 感情理解と言語理解　*72*

5. 共感性 …………………………………………………………………………… 73
    (1) 共感性の2つの側面　*73*
    (2) 共感性の発達　*74*

第8章　社会性の発達 …………………………………………………… *78*

1. 社会性の発達とは ……………………………………………………………… *78*
2. 自己の発達 ……………………………………………………………………… *79*
    (1) 自己の主体的な側面と客体的な側面　*79*
    (2) 客観的自己の発達　*79*
    (3) 概念的自己の発達　*80*
    (4) 自己制御の発達　*81*
3. 向社会的行動の発達 …………………………………………………………… *82*
    (1) 向社会的行動と愛他的行動　*82*
    (2) 向社会的行動の発達　*83*
4. 道徳性の発達 …………………………………………………………………… *83*
    (1) 道徳的判断の発達　*83*
    (2) 社会的規範の獲得　*84*
5. 社会性の発達をとらえる方法 ………………………………………………… *86*
    (1) 日本版 Vineland-Ⅱ適応行動尺度　*86*
    (2) S-M 社会生活能力検査第3版　*86*
    (3) 社会性発達チェックリスト（改訂版）　*87*
    (4) 検査やチェックリストの限界　*87*

第9章　仲間関係の発達 ………………………………………………… *90*

1. 保育の場での仲間関係の形成 ………………………………………………… *90*
    (1) 生活をともにする場での仲間関係　*90*
    (2) 保育者が目指す仲間関係　*90*
    (3)「保育所保育指針」等にみられる目標　*91*
2. パーテンの社会的参加のカテゴリーと仲間関係 …………………………… *91*
    (1) パーテンの社会的参加のカテゴリー　*91*
    (2) パーテンの社会的参加のカテゴリーと仲間関係　*92*
3. 乳幼児期の仲間関係の発達 …………………………………………………… *93*
    (1) 0歳児の仲間関係　*93*

(2) 1・2歳児の仲間関係　*93*
　　(3) 3歳以上児の仲間関係　*95*
　4. 仲間関係の意義 ……………………………………………………… *98*
　　(1) 社会化のエージェントとしての仲間　*98*
　　(2) 仲間との生活の中での社会的スキルの獲得　*99*
　　(3) クラスの仲間関係の発達と個の発達　*100*

第10章　子どもの学びと発達 …………………………………… *102*

　1. 学習の原理 …………………………………………………………… *102*
　　(1) 新しい行動ができること　*102*
　　(2) 多様な子どもの学び　*104*
　2. 知能と学力 …………………………………………………………… *105*
　　(1) 知能とは　*105*
　　(2) 知能の測定　*106*
　　(3) 知能の単位　*107*
　　(4) 学力とは　*108*
　3. 意欲と動機付け ……………………………………………………… *109*
　　(1) 動機付けとは　*109*
　　(2) 外発的動機付けと内発的動機付け　*110*
　　(3) 内発的動機付けを高めるために　*111*
　　(4) 達成動機とは　*112*
　　(5) 求められる保育とは　*113*

第11章　生活と遊びを通した学び …………………………… *115*

　1. 生活と遊びを通した学びとは ……………………………………… *115*
　　(1) 生活と遊び　*115*
　　(2) 遊びと学び　*116*
　2. 子どもが遊びを通して学ぶこと …………………………………… *117*
　　(1) 遊びと幼児期の終わりまでに育ってほしい姿　*117*
　　(2) 遊びとコンピテンス　*120*
　3. 小学校との接続 ……………………………………………………… *123*
　　(1) 生活科を活用した接続　*123*
　　(2) 幼児期の遊びと児童期の遊び　*124*

第12章　特別な配慮を必要とする子どもの特徴と支援 …………… 126
1. 知的障害・発達障害と「気になる」子ども ………… 126
(1) そもそも障害とその支援とは　126
(2) 知的障害のある子ども　127
(3) 発達障害のある子ども　127
(4) 「気になる」子ども　129
2. 保育における配慮と支援 ………………… 130
(1) 子どもを理解する　130
(2) 支援のポイント　132
3. 園内連携，他機関との連携 ……………… 134
(1) 園内の連携　134
(2) 他機関との連携　135
4. 障害のある子どもの保護者支援，家族支援 ………… 135
(1) 保護者を理解する　135
(2) 保護者を支援する　137
5. これからの保育 ………………… 138

第13章　子どもの発達と現代的課題―子どもの発達と学びの連続性 …………… 139
1. 保育の場における幼児教育の充実 ……………… 139
(1) 乳幼児期の発達からの重要性　139
(2) 教育経済学からの重要性　140
2. 次世代教育の一貫性 ……………… 142
(1) 資質・能力の一貫性　142
(2) 発達に応じた資質・能力の育成　143
(3) 資質・能力の連続性　143
3. 子どもの発達と学びの連続性 ……………… 145
(1) スタートカリキュラム　145
(2) 保育・教育の評価とカリキュラムマネジメント　148

さくいん ……………………………… 150

第1章
子どもの発達を理解することの意義

1. 子どもの発達を理解する

(1) 発達を理解する意義

　子どもの保育を進める上では，まず子どもの**発達**を理解することが重要となる。いくらすぐれた保育技術をもっていたとしても，目の前の子どもに合わない保育であれば，子どもが楽しくないだけでなく，子どもの成長を促すことにもつながらない。

　では，子どもの発達を理解するということはどのようなことであろうか。思い浮かぶのは，「何歳になると何ができる」ということであり，それを知るのが発達を理解することだと思うかもしれない。行動の標準的な発達年齢を知ることも確かに発達を理解することの一部ではある。しかし，発達を理解するということはそれだけではない。むしろ，目の前の子どもは多様であり，一人ひとりがそれぞれ違う経過をたどって発達しているということを理解することが重要である。発達検査に示される項目の順番に従って，項目に示される年齢どおりに発達する子どもはむしろ少ない。発達の標準年齢は，多くの子どもの平均を示しているだけであり，個々の子どもの発達とは必ずしも一致しない。さらに，一人ひとりの子どもの違いを生み出しているものは何か，すなわち発達を規定する要因を知ることも，発達を理解することの重要な側面である。

(2) 発達とは

　それでは，発達とはどのようなものであろうか。一般に，発達は「受精してから死に至るまでの心身の変化の過程」と定義される。ここには大きく2つの

意味が含まれている。

　第1に，子どもの発達は生まれてから始まるのではなく，すでに母親のお腹の中にいる時から始まっているということである。胎児期はある意味では，一生のうちで最も発達的変化が大きい時期だといえる。1つの細胞から始まった生命が，約40週間でさまざまな能力をもつ赤ちゃんへと成長する。その過程の中で，例えば，受精後24週頃には耳が聞こえるようになり，27週目には外の音にも反応するようになる。視覚以外の感覚器官は，出生時にはほぼ成熟した状態にあるといわれている[1]。

　第2に，発達は，高齢者となり死に至るまで一生涯続くということである。発達に対する一般的イメージについては，乳児から成人に至るまでの時期に起こる心身の変化を思い浮かべる人も多いかもしれない。しかし，発達は成人期以降も続く。その点で，ある能力を獲得することだけが発達ではなく，ある能力を失うこと（喪失）も発達なのである。ただし，年齢を重ねるにつれてすべての能力が低下するわけではない。むしろ，それまで獲得した知識をより熟達化させ，英知（wisdom）へと変えていくという側面もある。

(3) 発達のメカニズム―獲得と喪失―

　喪失は，高齢者になってから起こるだけではない。ある意味，どの年齢段階においても**獲得**と喪失は起こる。例えば，乳児期には，口唇探索反射，吸啜反射，把握反射，モロー反射などいわゆる**新生児反射**（**原始反射**）が見られる。これらの新生児反射は，乳児の生命を維持したり，乳児が外界に適応したりするために役立つ。しかし，新生児反射は一般に数か月で消失し，乳児は自分の意思でミルクを飲んだり，手足を動かしたりすることができるようになる。すなわち，新生児反射がなくなること（喪失）により，自由に身体を動かすことができる（獲得）ようになる。同様に，乳児は，世界中のあらゆる言語の音声を発音できるといわれている。しかし，自分の国の言葉を話せるようになる（獲得）と，他の国の言語の発音がうまくできなくなる（喪失）。さらに，言葉を話せるようになる（獲得）と，自分の周りの世界を言語の区切りに従って認識するようになるため，言語の区切りと一致しない外界の特徴を認識しにくくなる（喪失）。

このように，人間の発達の過程では，獲得と喪失は常にセットで現れる。その点で，人間の発達は何かを獲得すると同時に何かを失う過程でもある，あるいは，人間は何かを失うことによって何かを獲得するといえるだろう。

2. 発達を規定する要因

(1) 遺伝か環境か

　発達を規定する要因として，大きく**遺伝**と**環境**の2つがあげられる。代表的な説には，もっぱら遺伝によって発達が決められるというゲゼル（Gesell, AL）に代表される遺伝優位説（成熟説）がある。ゲゼルは，発達は神経系の成熟によって起こると考え，教育はその神経系の成熟の準備ができた状態（レディネス）を待って行う必要があると考えた。一方，発達はもっぱら生後の環境や経験によって決まると考えるワトソン（Watson, JB）に代表される環境優位説（経験説）がある。その最も極端な考えが，人間は白紙の状態（タブラ・ラサ：*tabula rasa*）で生まれ，後の経験こそが発達を決めるという考えである。

　古くから，遺伝と環境がどの程度人の発達を規定するのかについて論争がなされてきた。その歴史の中で，残念ながら誤った物語も生み出されてきた。例えば，知的能力が遺伝するとしたゴッダード（Goddard, HH）の「カリカック家」の研究，双生児間の類似性から知能の遺伝率を示したバート（Burt, C）の「双生児法」による研究，アマラとカマラという「狼に育てられた子ども」についてのシング（Singh, J）牧師の記録などがあげられる。現在では，これらは遺伝 - 環境論争の中で作り上げられた根拠のない物語だと考えられている[2]。

(2) 遺伝も環境も

　多くの研究者は，人の発達には遺伝と環境の両方が関係していると考えている。代表的なものに，環境閾値説，輻輳説，相互作用説がある。

　環境閾値説は，ジェンセン（Jensen, AR）によって唱えられた説であり，遺伝的要因が働くためには，最低限の環境（閾値）が必要であるという考えである。遺伝的要因が作用し始めれば，その後の環境は発達に対して大きな役割を

果たさないと考える点で遺伝優位説に近い。

　輻輳説は，シュテルン（Stern, W）によって唱えられた説である。ここで「ふくそう」とは，自転車などのスポークのように物が1か所に集まる状態を指す。そこから，遺伝と環境のさまざまな要因が集まって人間の発達を作り上げるという考えを示している。この説は，しばしば，〈発達＝遺伝＋環境〉（相和説）と表される。人の能力は遺伝と環境のそれぞれによって決まると考える点で，遺伝優位説と環境優位説の中間に位置する説だといえよう。

　相互作用説は，最も多くの研究者が採用する説であり，人間の発達は遺伝と環境のかかわりの中で起こるという考えである。先に述べた輻輳説との違いを強調する場合，〈発達＝遺伝 × 環境〉（相乗説）と表される。すなわち，いくら遺伝的な要因が備わっていたとしても，環境が0であれば，遺伝 × 環境（0）＝発達（0）となってしまうため，発達は起こらないという考えである。その点で，環境優位説に近い説である。

(3) 遺伝と環境の相乗作用

　行動遺伝学の分野では，一卵性双生児と二卵性双生児の類似性から遺伝と環境の問題を検討している。ここで取り扱う環境は，**共有環境**と**非共有環境**の2つである。共有環境とは双生児に共通な家庭環境であり，非共有環境というのは双生児でもそれぞれに独自な環境である。行動遺伝学では次のような3原則が示されている[3]。

・第1原則（遺伝の普遍性）：人の行動特性はすべて遺伝的である。
・第2原則（共有（＝家庭）環境の希少性）：同じ家庭で育てられた環境は，遺伝子の影響よりも小さい。
・第3原則（非共有（＝独自）環境の優越性）：人の複雑な行動特性のばらつきのかなりの部分が，遺伝子や家族では説明できない。

　このうち第3原則は，それぞれの人の個別の経験，すなわち個々の人を取り巻く人的・物的環境，個々人の独自の経験が，発達に対して最も影響力が強いことを示している。

　しかし，遺伝的要因と環境的要因は必ずしも独立していないことにも注意する必要があるだろう。例えば，人の働きかけに対してよく反応する赤ちゃんの

方が，そうでない赤ちゃんよりも周りの大人から多くの働きかけを受ける傾向がある。このように，子どもの気質的特徴（遺伝と関係する）が，人からの働きかけといった特定の環境を引きつけやすいということが知られている。さらに，エピジェネティクス（epigenetics；後生遺伝学）では，遺伝子としては受け継がれても，その後の変化によって遺伝子がうまく働いたり（活性化），働きが抑えられたり（抑制化）する現象が注目されている。そして，このような遺伝子の制御には環境が影響することも知られている。すなわち，生育環境によって遺伝の働きが異なってくるということである。

3. 発達の筋道

(1) 発達段階

　発達が連続的な変化か不連続的な変化かという点については，これまで議論がなされてきた。

　後者の考えを表すものに，**発達段階**という用語がある。これは，人の発達は階段を上るようなもので，その過程にはいくつかの質的差異が存在するという考えである。自分では動けなかった子どもがハイハイするようになる，ハイハイをしていた子どもが立ち上がって歩くようになるといった子どもの姿を見ると，発達には確かに段階があるように思える。これまでも多くの研究者が発達段階という考えを提唱している。例えば，認知発達の4段階説を提唱したピアジェ（Piaget, J），一生涯にわたる心理社会的発達理論を提唱したエリクソン（Erikson, EH），さらには精神分析学を確立したフロイト（Freud, S）の心理性的発達理論も段階論である。

　しかし，ハイハイしていた子どもがある日突然立ち上がったとしても，その日に子どもが急に発達したわけではない。それまでの運動発達，周りの大人からの励ましなどが積み重なって立ち上がれるようになったと考えられる。その点で，ハイハイから立ち上がるといった目に見える発達（**表面的発達**）は段階的であっても，その背後で起こっている変化（**潜在的発達**）は連続的であると考えられる。したがって，保育にあたっては，表面的発達だけではなく，子どもの中に蓄積されている力，すなわち潜在的発達にも目を向ける必要がある。

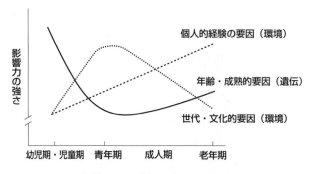

図1-1　年齢による遺伝と環境の影響力の違い
[Baltes, PB, *et.al.* (1980) Life-span developmental psychology. *Annual Review of Psychology*, 31, 65-110 より作成]

(2) 時期による発達要因の変化

　発達段階という概念の重要性は，発達的変化には質的差異があるというだけでなく，時期によって発達に影響を及ぼす要因が異なると考える点にある。図1-1は，発達の時期における遺伝と環境のかかわりの違いを示したモデル図である[4]。ここから，幼児期・児童期では，年齢・成熟的要因（遺伝）の影響力が最も強いと考えられる。青年期になると，どのような環境・文化の中で生活するかといった世代・文化的要因（環境）の影響が最も強くなる。成人期から老年期にかけては，個人がそれまでどのような経験をしてきたかといった個人的経験の要因（環境）の影響が一層強くなると考えられる。

　なお，先に述べた行動遺伝学では，知能，性格といった領域によっても年齢による要因の影響力の違いがあることも示されている。

4. 初期環境の役割

(1) 臨　界　期

　発達は，時間の流れによる人の変化である。その点で，初期の環境が後の行動にどのような影響を与えるかという観点が重要となる。動物行動学（エソロジー；ethology）を確立したローレンツ（Lorenz, K）は，ハイイロガンなどの鳥類のひなは，孵化して最初に見たもの（実際には，音を出して動くもの）

を「親」だと認識し，その後をついて回るという現象を発見した。これは，**刷り込み**，あるいは刻印づけ（imprinting）と呼ばれる現象である。実際，ひながそれを親として認識しているかはわからないが，自然界ではひなが最初に見るのは親鳥であることが多く，刷り込みはひなが生きていくためには必要なメカニズムであると考えられる。このような現象は，孵化後間もない一定期間に起こること，その期間を超えると起こらないこと，一度刷り込まれた対象は後に変更できないことから，この時期は**臨界期**（critical period）と呼ばれる。

しかし，鳥類でも刷り込みが観察される種類とそうでない種類がある。ましてや人では，特定の時期にしか起こらない学習，一度刷り込まれると変更できない学習などは考えにくい。その点で，人には厳密な意味での臨界期は存在しないといわれている。むしろ，人に存在するのは**敏感期**（sensitive period）である。すなわち，学習効果がより高い時期である。

(2) 敏感期―ルーマニアの子どもたち―

ルーマニアのチャウシェスク政権下では，国の生産性を高める方法として人口を増やす政策がとられた。その結果，1970年代から1980年代にかけて，子どもの数が爆発的に増加した。しかし，非常に貧しい家庭が多く，子どもを育てることができなかったため，多くの子どもが劣悪な環境の施設で暮らすことになった。これらの施設では，食事や衣類は与えられてはいたものの，訓練された職員はおらず，大人が子どもたちに話しかけるなどの社会的触れ合いが欠如していた。

チャウシェスク政権崩壊後に行われた「ブカレスト早期介入プロジェクト（BEIP）」では，劣悪な施設で育った弊害をどのように改善できるかが検討された。図1-2には，施設から里親の養育に切り替わった年齢と子どもの発達指数（DQ；ベイリー発達検査）との関連が示されている。ここから，里親養育に変わった年齢が早い子どもほど，とりわけ生後24か月までに里親養育に変わった子どもの発達指数が高いことがわかる。これは，発達の回復には敏感期があることを示唆した結果であるととらえられている[5]。

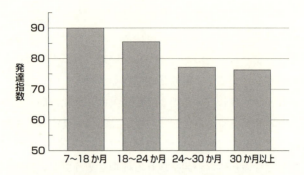

図1-2　施設から里親養育に変わった年齢と発達指数（DQ）との関係
[Nelson, CA, *et al.*（2014）Romania's Abandoned Children: Deprivation, Brain Development, and the Struggle for Recovery, Harvard University Press より作成]

5. 子どもの発達の背景を理解する

(1) 子どもの行動の背景の多様さ

　目の前に「落ち着きのない5歳児」がいた場合，その子どもの発達の問題はどのように理解できるだろうか。まず，子どもの**行動調整**や**情動調整**の力が十分育っていないということが考えられるであろう。しかし，保育者の指示がうまくできないといった**認知発達**や**言語発達**の問題が関係しているかもしれない。あるいは，隣の子どもと互いに刺激し合うことが多く，落ち着かないといった「園における人的環境」の問題かもしれない。あるいは，家庭であまりかかわってもらっていないため園で先生の注意を引きたいという注目要求行動からくる落ち着きのなさといった「家庭の人的環境」の問題かもしれない。さらには，「認知発達の遅れ」と「行動調整の難しさ」が合わさった結果かもしれない[6]。

　このように，子どもの表面的行動は同じでも，子どもによってその行動の背景が違っている。その点で，保育者に求められるのは，そのような子どもの行動の背景を幅広くとらえる（多要因性）視点と，それを支える発達についての知識であろう。

（2）子どもを取り巻く環境の広さ

　子どもを取り巻く環境は，親や保育者といった大人だけではない。園での他児，すなわち仲間も重要な環境である。また，家庭での物的環境，園での物的環境も子どもの発達に影響を及ぼす。そのような人々とのかかわりの中で子どもは発達をしていく。

　子どもの発達に影響を与える環境は，このように子どもを直接取り巻く環境だけではない。この点について，ブロンフェンブレンナー（Bronfenbrenner, U）は，子どもを取り巻く環境の役割をマイクロシステム（microsystem），メゾシステム（mesosystem），エクソシステム（exosystem），マクロシステム（macrosystem）という4つの環境によって説明する生態学的システム理論を提唱した。図1-3には，それぞれのシステムの関連が示されている。

　ここで，マイクロシステムとは，子どもが直接かかわる環境との関係のこと

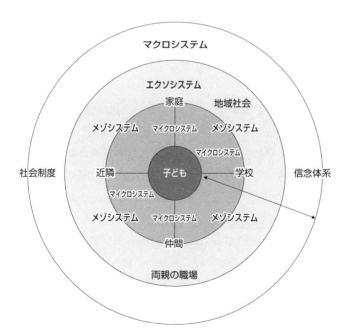

図1-3　ブロンフェンブレンナーの生態学的システム理論
［本郷一夫（2018）発達の過程と変化のメカニズム．本郷一夫編：発達心理学，第1章，pp.1-15，遠見書房］

である。例えば，家庭，学校，仲間，近隣などとの関係がそれにあたる。メゾシステムは，家庭と学校との関係など複数のマイクロシステム間の関係のことである。エクソシステムは，子どもが直接かかわらないがメゾシステムに影響を与える環境のことである。地域社会（コミュニティ）や両親の職場などがそれにあたる。円の最も外側にあたるマクロシステムは，社会制度や信念体系（イデオロギー）などである。このように，子どもを取り巻く環境は多重的な構造になっている。さらに，これらのシステムは時間とともに変化する。そこで，ブロンフェンブレンナーは後に，時間の流れであるクロノシステム（chrono-system）という考えを導入した。

(3) 発達の可塑性

先に，初期の環境が子どもの発達に大きな影響を及ぼすことについて述べた。また，発達には，特定の時期に学んでおくとより効果的な敏感期があることについても述べた。しかし，初期の発達がその後の子どもの発達をすべて決定してしまうという極端な決定論に陥らないように注意することも必要である。例えば，乳児期に劣悪な環境におかれても，その後順調な発達をしていく子どもたちがいる。

劣悪な初期環境の悪影響から守り，その後の発達を促す要因を**保護因子**という。ヌーバー（Nuber, U）は，いくつかの研究を概観し，次のような保護因子をあげている。すなわち，①大人との安定した感情的つながりがあること（必ずしも親でなくてもよい），②子どもにとってプラスの手本となるような社会的モデルがいること，③早めに仕事を与えて責任感を養うこと，④創造力とユーモアで繰り返し自分を励ますこと，などである[7]。

このような困難から回復する力は，一般に**レジリエンス**（resilience）と呼ばれる。近年では，大災害など悲惨な体験から回復する力を表すために使われることが多いが，もともとは虐待からの回復力を表すために使われた用語である。すべての子どもは自ら困難から回復する力，すなわちレジリエンスをもっている。保育の場においては，周りの大人は，子どもの可能性を信じ，その子どものレジリエンスが発揮できるように子どもを支えることが重要となる。

■引用文献

1) ヴォークレール, J, 明和政子監訳, 鈴木光太郎訳（2012）乳幼児の発達—運動・知覚・認知—, 新曜社.
2) 本郷一夫（2007）発達. 本郷一夫編：シードブック　発達心理学—保育・教育に活かす子どもの理解—, 第1章, pp.1-12, 建帛社.
3) 安藤寿康（2017）行動の遺伝学—ふたご研究のエビデンスから—. 日本生理人類学会誌, **22**(2), 107-112.
4) Baltes, PB, Reese, HW & Lipsitt, LP（1980）Life-span developmental psychology. *Annual Review of Psychology*, **31**, 65-110.
5) Nelson, CA, Fox, NA & Zeanah, CH（2014）Romania's Abandoned Children：Deprivation, Brain Development, and the Struggle for Recovery, Harvard University Press.
6) 本郷一夫（2018）認知発達のアセスメントの考え方. 本郷一夫・田爪宏二編：認知発達とその支援, 第7章, pp.128-146, ミネルヴァ書房.
7) ヌーバー, U, 丘沢静也訳（1997）〈傷つきやすい子ども〉という神話, 岩波書店.

第2章
子どもの発達と保育

1. 子ども観と保育観

(1) 子ども観とは

　子ども観とは，私たちが「子ども」について抱くイメージや価値観のことである。「かわいらしい」「いとおしい」という思いを子どもに対して抱く人もいれば，「未熟である」「わがままである」というイメージを抱いている人もいるであろう。教育実習や保育実習を経験する前と後とでは，子どもに対して抱くイメージが変わるかもしれない。子ども観は普遍的，絶対的なものではなく，時代の流れとともに変わっていく。「スマートフォンを操作している子ども」というイメージは，現代社会を反映した子どもの姿とも考えられる。

　過去に「子ども」がどのようにみられていて，現在の子どもがどのような姿であるのかを知ることは，子どもにかかわる専門家として「子どもをどのようにとらえるか」ということにつながっていく。ここでは，子どもについての見方，考え方を理解することを目的とする。

1) ヨーロッパにおける子ども観の変遷

　歴史家であるアリエス（Ariès, P）は，その著書『〈子供〉の誕生』で，中世ヨーロッパ社会には「子ども期」という概念は存在せず，「小さな大人」として扱われていたと述べている。中世までの社会において「子ども」という概念は成立せず，子どもは小さな大人にすぎなかったことを，絵画や書簡を分析することで主張した。小さな大人としての彼らは，見習い修業に出され，日常のあらゆる場で大人と一緒に働き，遊び，暮らしていた。子どもは，家庭にとっては働き手，つまり労働力であり，国家にとっては軍事力であった。子どもが

「子ども」として認められるのは，「家族」「社会」からそのように扱われるからであり，それは19〜20世紀になってからであるとした[1),2)]。

2）日本における子ども観

日本においては，1872（明治5）年に「学制」が発布され，日本最初の教育制度が始まったが，実質就学率は学制発布後10年の1882（明治15）年で31.5％であった。保坂は，教育の存在について，「日本にまだ『子ども期』というものが認識されていなかったことと表裏一体の現象」と指摘し，「日本の大多数を占める農村社会にすれば，就学年齢である6歳以降の『子ども』たちは，りっぱな働き手であり，欠くことのできない労働力であったろう」と述べている[3)]。

授業料の無料化など経済的な要因もあり，1902（明治35）年には小学校就学率が90％を超え，近代国家の成立と並行して，学校は子どもに対する教育についての主導権を獲得していった[3)]。現在も，日本の教育制度は充実しており，高等学校進学率は98％を超えている。

3）新たな子ども観

学校に行くことで「子ども」であった存在が，今，変わりつつあるという指摘もある。保坂は，「知識技能が習得されているか否か」といった学校教育における「子ども像」と「大人像」がはっきりしていた時代には，学校教育の役割が自明であったが，現在は「読み書きそろばんができない子ども」と「それらができる大人」という像が揺らいでいて，境界線がわかりにくくなっていると述べている[3)]。

情報機器の操作や通信機器の習熟などは，子どもたちの方がすぐれている場合も多い。「できない（未熟な）子ども」と「できる大人」という概念ではとらえられなくなっている。「子ども」と「大人」との境界があいまいになってきているからこそ，私たちが子どもをどのようにとらえているのか（どのような「子ども観」をもっているのか）を，自覚しておく必要がある。

（2）保育観とは

保育観とは，保育についての見方や考え方のことである。「保育」を辞書で調べると，「乳幼児を保護し育てること」とある[4)]。「守る」という意味に加え

て，成長・発達を援助することが含まれている。子どもの心身の成長・発達は，「運動能力」「言語能力」「感性」「知性」「創造性」など多様な側面があり，それらへの援助が**保育**である。こういった保育という考えが，どのように誕生し，変遷してきたのかを知ることは，今日の保育を営む上で重要である。ここでは，先達の保育思想を紹介し，子どものとらえ方，保育・教育の考え方の基礎を学び，幼児期における保育・教育を理解することを目的とする。

1）フリードリッヒ・W・A・フレーベル（Froebel, FWA；1782-1852）

フレーベルが，自分の家に子どもたちを集め，そこを「子どもの庭」と名付けたのが，今日の「幼稚園（キンダーガーデン：英語）」の始まりである。1840年にドイツのバート・ブランケンブルク（旧東ドイツ）に，世界で最初の幼稚園「キンダーガルテン」を創設した。幼児教育の祖とも呼ばれている。彼は，スイスの教育実践家であるペスタロッチ（Pestalozii, JH）に学んでいる。1805年，スイス西部にあるペスタロッチのイヴェルドン学園での教育に感動し，初等教育を幼児期の教育へと発展させた。

「恩物」は，フレーベルが創案した教具・遊具で，原語は「Gabe（英語Gift）」，つまり「贈り物」「与えられたもの」である。幼稚園での生活で子どもたちに与えられる毛糸や木製の球や円柱や立方体などの遊具である（図2-1）。基本的には幼児期に適用される6種類の遊具があるが，その応用が子どもの精神的，身体的な発達に即応して，簡単なものから複雑なものへと順序付けて提供される[5]。

図2-1　恩物の一例

2）マリア・モンテッソーリ（Montessori, M；1870-1952）

モンテッソーリは，女性差別が残る時代に逆境を乗り越え，イタリア初の女性の医学博士号を取得した人としても有名である。障害児への感覚教育に注目し，健常児へと発展させた。1907年に「子どもの家」を設立し，貧困層の健常児を対象として，独特な教育法を完成させた。

モンテッソーリは,「子どもは環境への積極的な参加を通じて, 性格(人格や個性)を形成する」と考えている。モンテッソーリ教育のねらいは, 子どもが自主的に遊ぶことを通して, 自立した子どもになることである[6]。つまり, 日常生活のさまざまな活動を自分で確実にできるようになることを目指している。また, 五感を磨く感覚練習の経験を重視した。教具は形, 大きさ, 材質, 重さにまで配慮され, 子どもたちの五感の発達を促すよう意図されている。保育室での道具は「本物」を使い, 大切に扱わなければ割れたり壊れたりすること, 適切に使用しなければ危険であることを学ぶ。

3) ルドルフ・シュタイナー (Steiner, R; 1861-1925)

1919年, ドイツのシュトゥットガルトに, 最初のシュタイナー学校が設立された。この学校は,「自由ヴァルドルフ学校」と名付けられたが, 日本では,「シュタイナー学校」という名で知られている[7]。

シュタイナーは, 生まれてから21歳までを, 7年ごとの3期に分類し, それぞれの時期の教育的課題があると考えた。図2-2は, それを図式化したものである[8]。

乳幼児期である「第一7年期」は, からだのあらゆる部分が発育していく時期であり, そのため, 静かで穏やかで温かな環境が必要であると考えられている(図2-3)。園内はピンクやベージュなどの淡い色合いにつつまれ, 木・石・貝殻・羊毛など自然素材の玩具や木製の積み木などがよく使われる。この時期の子どもは, 感覚を通して模倣するとされていて, 大人の様子や動作を全身で感じ取り, そのしぐさをまねることで学んでいく。したがって, 周りの大人は, 模倣されてもよい存在であることが重要である。

「第二7年期」は, 豊かな感情を育むことを目指し, いろいろな芸術的刺激を与えることが必要とされている。

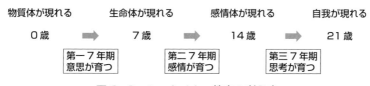

図2-2 シュタイナー教育の考え方

[入間カイ(2010)をもとに加筆修正]

「第三7年期」は、思考が育ち、知力・判断力を作り出していく時期とされている[8]。

4) レッジョ・エミリア・アプローチ

レッジョ・エミリア・アプローチは、イタリアのレッジョ・エミリア市の共同保育運動として始まった教育方法で、マラグッツィ（Malaguzzi, L）はこの保育実践の創始者である。

図2-3 シュタイナー系幼稚園の午睡の部屋
中央のテーブルには睡眠を促すアロマオイルがある。

レッジョ・エミリア保育実践には固定した教育理論はなく、子どもの保育活動や遊びの現場から保育内容を作り上げていく。創造性を重視していて、保育活動にデザイナーや芸術家が専門家として参加し、保育者（ペダゴジスタ）が芸術教師（アトリエリスタ）の作り出すアイデアを実現していく。幼児学級（3～6歳）では、25人の子どもに対して2人のペダゴジスタがかかわる。3～5人のグループに分かれて、活動テーマを自分たちで話し合って決め、共同活動を展開していく。幼児の創造性が発揮しやすい造形表現方法をとる際、アトリエリスタは、子どもの創造的な能力を引き出すと同時に、協働活動によって相手を思いやる気持ちの育成も図るのである。活動における会話や行動は、テープや写真・ビデオなどによって記録される（ドキュメンテーションという）。この独自の記録編集は、子どもたち一人ひとりのファイルとなり、学びや成長していく過程が、その子ども自身や親などによって確かめられるようになっている[9]。

2. 子ども・子育てをめぐる変化

2015（平成27）年4月から「子ども・子育て支援新制度」がスタートした。これは、少子化や核家族化の進展、待機児童の問題など、子育てをめぐるさまざまな課題に対応するため、子育て支援の「質」と「量」の向上を目指した「子

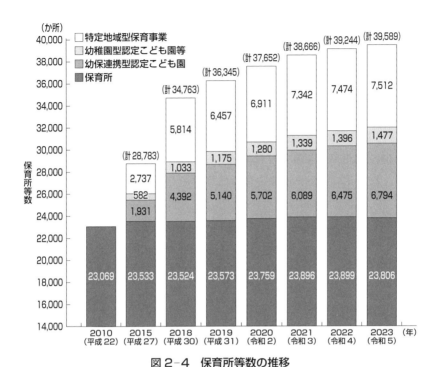

図 2-4 保育所等数の推移

[厚生労働省 HP より]

ども・子育て支援法」が成立したことによる。

例えば，幼児教育と保育を一体的に提供する「認定こども園」制度が改善された。これにより，これまで複雑だった設置のための手続きが簡素化され，施設の整備が推進された。保育所等数は，2010（平成 22）年の 23,069 か所から，2015（平成 27）年には保育所 23,533 か所，認定こども園 2,513 か所となり，2023（令和 5）年には保育所 23,806 か所，認定こども園 8,271 か所に増加している（図 2-4）[10]。

中でも，1・2 歳児の保育所等の利用率が，2010（平成 22）年で 29.5％であったのが，2015（平成 27）年は 38.1％，2023（令和 5）年には 57.8％と上昇している。こういった背景もふまえて，2017（平成 29）年公告の「保育所保育指針」の改定（2018（平成 30）年 4 月 1 日より適用）においては，乳児や 3 歳未満児の保育のあり方について，より積極的に位置付けていく方向性が検討された。

改定の基本的な方向性は「低年齢児の保育に関する記載の充実」のほか,「保育所保育における幼児教育の積極的な位置付け」「健康及び安全に関する記載の見直し」「子育て支援の必要性」「職員の資質・専門性の向上」の5点である[11]。以下に,その改定について概説する。

(1) 保育の目指すところ
1) 低年齢児の保育に関する記載の充実
前述したように,1・2歳児の保育所利用率が上昇していることに加えて,低年齢児(乳児や3歳未満児)の保育については,心身発達の基礎が形成される上で非常に重要な時期であることから,記載内容の充実が図られている。また,生活や遊びを通して主体的に環境に対して興味をもつ時期であることをふまえ,「学びの芽生え」を育む上で実際の保育現場で取り組みやすいように,保育内容の整理が行われている。

2) 幼児教育の位置付け
幼児教育とは,養護と教育が一体となり,生涯にわたる「生きる力」の基礎を培うための資質や能力を育むことを意図している。詳しくは,p.22に述べる。

3) 健康および安全に関する記載の見直し
子どもが育つ家庭や地域などの社会状況における目まぐるしい変化に対応すべく,見直しが必要という方向性をもって示されている。少子化や核家族化,地域のつながりの希薄化や共働き家族の増加などを背景にさまざまな課題が浮かび上がっており,保育者は乳幼児の健康状態や発育に応じた保育実践が求められる。さらに,2011(平成23)年に発生した東日本大震災を契機として,安全や防災に関する意識も高まっており,保育所等においても地域と連携した危機管理の役割が求められている。

4) 子育て支援の必要性
2008(平成20)年の改定により「保護者に対する支援」が新たに章として設けられたが,子育て家庭に対する支援の必要性はより一層高まり,特別なニーズを要する家庭への支援,虐待への対応など保育所等の担う役割はより重要性を増している。子ども・子育て支援新制度の施行を背景に,2017年の改定ではさらに「子育て支援」に改めた上で,記載内容の整理と充実が図られている。

5）職員の資質・専門性の向上

　少子化や核家族化など，長く取り上げられてきた課題に加え，虐待や貧困など子どもを取り巻く問題は複雑化している。保育所等が組織として「保育の質」の向上に取り組むとともに，一人ひとりの職員もまた資質や専門性を向上させることが重要である。そのための研究計画の作成や，研修機会の確保が必要となる。保育所等において体系的・組織的に職員の資質向上を図っていくための方向性や方法などが明記された。

(2) 子どもの発達と環境

　子どもの発達において，**環境**＊が重要であることはいうまでもない。子どもは環境とかかわり，さまざまな経験を通して発達していく。保育所保育指針[11]や幼稚園教育要領[12]においても，環境の重要性が指摘されている。幼稚園教育要領には，幼稚園教育の基本として「学校教育法に規定する目的及び目標を達成するため，幼児期の特性を踏まえ，環境を通して行うものである」と記されている。そのために「幼児期にふさわしい生活の展開」「遊びを通しての指導」「発達の課題に即した指導」という重視する3つの事項をあげ，子ども一人ひとりの理解に基づいた環境構成をするとともに，活動を豊かにする援助が求められている。

1）保育所における環境構成

　保育所保育指針においては，基本原則における「保育所の役割」として「子どもの状況や発達過程を踏まえ，保育所における環境を通して，養護および教育を一体的に行うこと」と記されている。乳幼児期の子どもは，生活の中で周囲からの刺激を受け，自ら興味や関心をいだき対象にかかわるという，直接的な体験を通して健全な心身が育まれていく。子どもは環境との相互作用によって成長・発達していく。そのため，応答性のある環境が重要であり，保育環境の構成が保育の質にかかわってくる。環境を通して行う保育の重要性をふまえ，子どもの生活が豊かなものとなるよう，次の4事項に留意した環境を計画的に

＊　保育現場における「環境」とは，園舎や教室，家具や遊具といった「物的環境」と，保育者や仲間，地域社会の人々などの「人的環境」の両方を指す。

構成することが求められている[13]。

a. 子どもが自らかかわる環境：「子ども自らが環境に関わり，自発的に活動し，様々な経験を積んでいくことができるよう配慮すること」が求められている。子ども自身の興味や関心が刺激され，子どもが「触ってみたい」「動かしてみたい」と自分からかかわりたくなるような魅力ある環境構成が重要である。また，遊びが展開する中で，環境の変化を保育者等と子どもがともに楽しみ，思いを共有することも大切である。

b. 安全で保健的な環境：「子どもの活動が豊かに展開されるよう，保育所の設備や環境を整え，保育所の保健的環境や安全の確保などに努めること」が記されている。安心感や信頼感を得られる環境の下で，自発的・意欲的に活動を展開することで健全な心身が育まれる。子どもの健康と安全を守ることは，保育所等の基本的かつ重大な責任である。子どもが安心・安全に過ごせる保育環境の整備を，園全体で取り組むことが重要である。

c. 親しみとくつろぎの場：「保育室は，温かな親しみとくつろぎの場となるとともに，生き生きと活動できる場となるように配慮すること」とされている。1日の生活全体をとらえながら，発達過程や時期，季節などに即した「静と動のバランス」のとれた環境構成が重要である。保育者等とくつろぐ時間と空間が保障される環境であるとともに，一人遊びや少人数での遊びに集中したり，友だちと一緒に思いきりからだを動かしたりするなど，さまざまな活動に取り組むことができるように配慮された環境が求められる。

d. 人とのかかわりを育む環境：「子どもが人と関わる力を育てていくため，子ども自らが周囲の子どもや大人と関わっていくことができる環境を整えること」が示されている。子どもは身近な子どもや大人の影響を受けて育つことから，子どもがさまざまな人とかかわる状況を作り出すことが大切である。同年齢の子ども同士，異年齢の子どもとの関係，保育者等との関係や地域の人などいろいろなかかわりを通して，多様な感情体験や欲求を味わうことで，「人とかかわる力」を育んでいく。そういったことをふまえ，複数の友だちと遊べる遊具やコーナーなどを設定するとともに，物の配置や子どもの動線などに配慮した環境構成が重要である。

表2-1 幼児教育において育みたい子どもたちの資質・能力

①知識及び技能の基礎：豊かな体験を通じて，感じたり，気付いたり，分かったり，できるようになったりする
②思考力，判断力，表現力等の基礎：気付いたことや，できるようになったことなどを使い，考えたり，試したり，工夫したり，表現したりする
③学びに向かう力，人間性等：心情，意欲，態度が育つ中で，よりよい生活を営もうとする

［保育所保育指針より一部抜粋］

2）幼児教育と環境

表2-2 幼児期の終わりまでに育ってほしい姿

①健康な心と体
②自立心
③協同性
④道徳性・規範意識の芽生え
⑤社会生活との関わり
⑥思考力の芽生え
⑦自然との関わり・生命尊重
⑧数量や図形，標識や文字などへの関心・感覚
⑨言葉による伝え合い
⑩豊かな感性と表現

［保育所保育指針より一部抜粋］

以上のような環境を通して保育は行われるのであるが，前述したように，今回の改定では「保育所保育における幼児教育の積極的な位置付け」が1つの方向性としてあげられている。保育所，幼稚園，認定こども園の3つの組織の整合性を図るため，「幼児教育を行う施設として共有すべき事項」という項目が掲げられた。そこでは，幼児教育において育みたい子どもたちの資質・能力として3点が明示されている（表2-1）。また，これらの資質・能力が育まれている子どもの小学校就学時の具体的な姿として，「幼児期の終わりまでに育ってほしい姿（通称「**10の姿**」）」が明記されている（表2-2）。これらを，生活や遊びなど保育活動を通したかかわりの中で一体的に育んでいくことが重要である。

小林が「環境の中で」「遊びを通して」という幼児教育の方法について述べている「5歳児のハイキングの事例」[14]を通して，「10の姿」に照らし合わせて考えてみる。5kmという道程を自分の足で歩く活動は，「健康な心と体」の育成につながる。自生する植物や野鳥に関心を向け，次々と発見していく子どもたちの姿は「自然との関わり・生命尊重」の姿勢である。鳥のさえずりに耳を傾け，白樺の木々のスベスベした感触を味わって感嘆の声を上げる様子は，自然への関心の高まりと愛情の念をもつと同時に，「感性」を働かせ，感じた

ことを「表現」する喜びを味わう姿である。おもしろい発見があった時や危険な場所に気付いた場合は，後ろに続く友だちへ言葉で伝言していき，「言葉による伝え合い」をおのずと行っている。自然公園へのハイキングを行うということで，フィールドマナーという「約束事」があることや，出会った人に挨拶することなどを事前に学ぶ機会が設けられていた。これは「道徳性・規範意識の芽生え」であり，一般の方々との触れ合いは「社会生活との関わり」につながっていく。すれ違う人に元気に挨拶していると「すごいね」と声をかけられることもあり，次への意欲へと結び付くと考えられる。

(3) 養護と教育の一体性

　保育所保育に関する基本原則として，「環境を通して養護及び教育を一体的に行う」という考え方がある。「保育」「養護」「教育」といった言葉は，どのように理解すればいいのだろうか。養護と教育が一体となった保育とはどのようなことをいうのだろうか。

　保育所で行うのが「保育」で，幼稚園で行うのが「教育」であるといった考え方が少なくない。所管する省庁の違いから，「保育所（2022年度まで厚生労働省，2023年度からこども家庭庁）」と「幼稚園（文部科学省）」とでは，目的や対象などは異なっている。しかし，学校教育制度の根幹となる「学校教育法」において，「幼稚園は，義務教育及びその後の教育の基礎を培うものとして，幼児を保育し，幼児の健やかな成長のために適当な環境を与えて，その心身の発達を助長することを目的とする（下線は筆者による）」と記されていることからも，幼稚園で行われている行為は「保育」であり，園長はじめ教諭は「保育をつかさどる人」と定義されている。また，保育所保育指針では，「第2章4（2）小学校との連携」として，「小学校以降の生活や学習の基盤の育成につながることに配慮し…」という文言や，「幼児期の終わりまでに育ってほしい姿」として小学校就学時の具体的な姿を明記し，その結び付きを強化していることからも，保育所がその後の教育の基礎を培う場であると理解できる。

　それでは，養護と教育の一体性とはどういうことであろうか。「養護」とは，保育所保育指針によると，「保育における養護とは，子どもの生命の保持及び情緒の安定を図るために保育士等が行う援助や関わりであり…（下線は筆者に

よる)」とある。「生命の保持」にかかわる保育士等の行為とは，子どもが安全で守られた環境の中で心身ともに心地よく満たされた状況を整える行為であり，「情緒の安定」にかかわるそれは，子どもが自分の気持ちを安心して表現し，主体的に活動できるような環境を整える行為である。子どもたちは，このような保育者による行為に裏付けられた「安定した生活」を送る中で，主体的な体験を積み重ね，自立心や協同性，思考力といった能力や資質を身に付けていくことになる。それが「教育」である。教育とは，知識を教えることだけではなく，子どもの主体的な興味や関心を引き出すことであり，さまざまな能力や資質を獲得する子どもを支える行為であろう。

つまり，幼稚園で行われる行為も「保育＝養護的な側面を備えた教育」であり，保育所で行われている保育も「養護と教育の一体性」を重視していることを理解しておく必要がある。では，養護と教育が一体となった保育とは，具体的にはどのようなことをいうのだろうか。

園児と保育者の「挨拶」の場面を下に示す。

〈事例1〉
　朝，次々と子どもたちが登園します。2歳児クラスのAちゃんが，母親と一緒に登園し，ペコッと頭を下げました。保育者は「おはようございます」と声をかけました。Aちゃんは，靴と靴下を脱ぎ，靴下を靴の中にしまって，保育室に行きました。

Aちゃんなりの挨拶に対して，保育者も挨拶をしている。保育者とAちゃんの心の交流が図られている。応答的なやり取りを重ねることで，子どもは受け止めてもらうことの心地よさを味わい，保育者への信頼を築いていく。保育者の言葉は保護者にも届けられ，保護者（母親）と保育者の安定した関係がその場の雰囲気を作る。その雰囲気はAちゃんにも伝わり，人とのかかわりに安心感を見出していくことになる。保育者は，登園する時の子どもの足取り，保護者との雰囲気，表情なども観察する。靴の脱ぎ履き，衣服の着脱など基本的な生活の力の育ちも，子どもによって発達に差がみられる。子ども一人ひとりのペースに合わせて，保育者は見守ったり援助したりする必要がある。発達に合わせた援助によって，子どもたちは「自分でしよう」という主体性や「で

きた」という達成感を味わい，次への意欲を養うことになる．自分のものや場所の理解（所有認識）や，靴下を靴の中に入れる動作（目と手の協応，手先の操作）などもこの場面から理解できる．一人ひとりの発達の特徴をとらえ，援助のあり方を見出していくことが保育の専門性といえよう．

■引用文献

1) アリエス, P，杉山光信・杉山恵美子訳（1980）〈子供〉の誕生．みすず書房．
2) 保坂亨（2010）『子ども』の誕生と消滅．いま，思春期を問い直す．東京大学出版会．
3) 保坂亨（2010）子どもと学校をめぐる状況．いま，思春期を問い直す．東京大学出版会．
4) 新村出編（2018）広辞苑第7版．岩波書店．
5) 乙訓稔（1995）西洋近代幼児教育思想史，pp.127-154，東信堂．
6) 辻井正（2006）モンテッソーリ幼児教育．ベストキンダーガーデン，pp.22-29，オクターブ．
7) 高橋弘子（1995）日本のシュタイナー幼稚園，p.25，水声社．
8) 入間カイ（2010）のびのび子育て，p.94，クレヨンハウス．
9) 坂井旭（2009）創造性を大切にした世界の保育実践から学ぶもの．愛知江南短期大学紀要，**38**，73-83．
10) 厚生労働省 HP　https://www.mhlw.go.jp/
11) 厚生労働省（2017）平成29年告示　保育所保育指針．
12) 文部科学省（2017）平成29年告示　幼稚園教育要領．
13) 厚生労働省（2018）保育所保育指針解説．
14) 小林研介（2018）もっと社会に幼児教育を知らせるために．発達，**154**，61-65．

第3章
身体・運動の発達

1.「体力がつく」という言葉の意味

　運動に関連する言葉として，**体力**という言葉が日常的によく使われる。例えば，からだが大きく力強い人や，風邪をひかずいつも活動的な生活をしている人に対しても体力があるという。では，心理学では体力の意味をどうとらえているのだろうか。

　体力という概念には，精神的要素（意欲や判断など）と身体的要素（筋力や柔軟性など）の2つの要素が含まれる[1]。心理学においても，筋力などの身体的要素の発達だけではなく，精神的要素の働き（心的側面）も伴うことで，運動能力が発達していく様相がとらえられてきた。すなわち，子どもは発達初期から知覚（見る，触る，聴くなど）を頼りにしながら，身体の動きを制御する能力（歩く，触る，からだを向けるなど）を身に付けていくことから，心の働きと身体の関係を切り離すことはできない。したがって，心理学における「体力がつく」という言葉の意味を考えるならば，それは「心の働きと身体の関連に基づく運動発達」を意味するといえよう。このことから，子どもの心身の健康または体力がどのようにつくのかを考えていく上で，身体・運動の発達の特徴をとらえる必要がある。

　本章でははじめに，運動発達の準備が胎児期からすでに始まっていることを紹介する。次に，出生後間もない頃から外界と適応的にかかわるための運動機能が備わっていることをみていく。そして，運動発達が一定の順序性に従いながら，かつ外界とかかわりながら（知覚しながら）促進されていくことを示す。

2. 胎児期・新生児期における運動発達

(1) 胎 児 期

　超音波断層法による観察により，胎齢がおよそ7週以降になると，胎児はさまざまな運動を示すことが明らかにされている。例えば，指しゃぶり（吸啜），手足の曲げ伸ばし，頭の回転，ジェネラルムーブメント（全身を屈曲回旋させる運動）などがあげられる。これらの運動は**胎動**と呼ばれ，表3-1からもわかるように，胎齢10週頃までには手や身体の運動の多くが確認されている[2]。

　さらに，胎齢30週までの間に，外的刺激に対する反射運動も見られると考えられている。例えば，新生児期に見られる，からだを直立させて足を床につけると歩くような行動をとる歩行反射，口唇周りを触れると口にくわえようとする口唇探索反射，手のひらにものをおくと握る把握反射などは胎児期からすでに機能していることが，早産児の観察から推測されている[3]。したがって，胎児期から多くの身体動作や反射行動が始まっており，生まれてからの運動発達を進める準備がなされているといえる。

表3-1　胎齢11週までにおける胎動の発達

胎齢(週)	胎　動
7	横の屈曲（全身）
8	驚愕（抱きつくような運動）
9	ジェネラルムーブメント 上肢，下肢の運動 吸啜 嚥下
10	顔への手の運動 頭部の後屈，前屈，回転 呼吸運動 伸展 しゃっくり
11	開口 あくび

［乾敏郎（2011）神経系の発達，胎児の運動発達と顔バイアスの獲得過程．心理学評論，**54**，123-137］

(2) 新 生 児 期

　新生児は，特定の感覚刺激に対し，自動的で迅速に反応する能力を生得的に備えている。これを**新生児反射**と呼び，表3-2に主な内容を示す。

　とりわけ吸啜反射や口唇探索反射に関しては，栄養摂取を可能にするため，

表3-2 主な新生児反射

名　称	特　徴	出現時期（目安）
歩行反射	直立させて足が床面に触れるようにすると，歩行運動が起こる	3〜4か月まで
把握反射	手のひらの内側を指などで刺激すると，その指を握る	4か月まで
緊張性頸反射	仰向けに寝かせると，頭を一方の側に向ける。頭が向けられた側の手足は伸び，反対側の手足は曲がる	3〜6か月まで
モロー反射 （抱きつき反射）	大きな音や，急な上昇・落下の動きを経験すると，両手足を広げて抱きつくような動作をする	4〜6か月まで
吸啜反射	手や指が，口や唇に接触すると，吸おうとする	4〜6か月まで
遊泳反射	水の中に入れると，腕と足を動かして泳ごうとする	4〜6か月まで
口唇探索反射	唇の周りに触れると，その方向に口唇部を向ける	9〜12か月まで
バビンスキー反射 （足底反射）	足の裏をかかとから指先へと刺激すると，親指が足の甲に向かって反り返る	9〜12か月まで

生存に欠かせない機能といえる。しかし，遊泳反射のような行動は，人の進化の過程の名残りとして考えられていることから，すべての反射が適応的な意味をもっているとは限らない。新生児反射の発達特徴は，大脳皮質の成熟に伴って消失するか，あるいは意識的，自発的に行われる複雑な随意運動へと発達するということである。後者の例として，歩行反射は3〜4か月以降に消失し，1歳頃に自発的な歩行運動が起こることから，後の二足歩行の土台になっていると考えられている[4]。

また，多くの新生児反射は生後6か月頃には消失する。それは，脳機能の発達により，運動制御が意識的なレベルへと発達していくからである。そのため，新生児反射は脳神経系の発達指標になる。すなわち，消失すべき反射が消失しないなどの異常が認められる場合，何らかの脳の異常を疑う可能性が出てくる。

3. 粗大運動・微細運動の発達と発達の順序性

（1）粗大運動の発達と順序性

粗大運動とは，歩く，走るといった身体全体の動きがかかわる運動のことを指す。特に発達初期では，粗大運動の土台として，**姿勢制御**と**移動運動**が顕著

表3-3 乳幼児における運動機能通過率 （%）

月齢（目安）	首のすわり	寝返り	ひとり座り	ハイハイ	つかまり立ち	ひとり歩き
〜3か月	11.7	1.1				
4か月	63.0	14.4				
5か月	93.8	52.7	0.5	0.9		
6か月	98.7	86.6	7.7	5.5	0.5	
7か月	99.5	95.8	33.6	22.6	9.0	
8か月		99.2	68.1	51.1	33.6	
9か月		98.0	86.3	75.4	57.4	1.0
10か月			96.1	90.3	80.5	4.9
11か月			97.5	93.5	89.6	11.2
12か月			98.1	95.8	91.6	35.8
13か月			99.6	96.9	97.3	49.3
14か月				97.2	96.7	71.4
15か月				98.9	99.5	81.1
16か月				99.4		92.6
17か月				99.5		100.0

［厚生労働省雇用均等・児童家庭局（2012）平成22年乳幼児身体発育調査報告書 より作成］

に発達する。これらの発達によって，子どもは座る，立つ，歩くといった運動を確立させていく（表3-3)[5]。

以降では，姿勢制御と移動運動が一定の方向性や順序性（法則性）に従い，かつ知覚と協応しながら進んでいくことを紹介する。加えて，その発達が後の運動調整能力（目的に応じて運動を調整する力）の発達の基盤となっていることを示す。

1）姿勢制御の発達

姿勢制御の発達には3つの段階がある。すなわち，頭の位置・向きを維持する段階，座れる段階，直立姿勢がとれる段階である[6]。これら3つの段階は，発達の順序性（法則性）に従って方向づけられている。まず，頭の向きの制御が乳児にとって最初の姿勢制御となる。続いて，5か月以降で座ることができるようになり，8か月頃になって背中をまっすぐにした座位が可能となる。

この姿勢制御が完成すると，発達の方向が下肢へと広がっていく。すなわち，9か月以降からつかまり立ちができ，12か月頃では1人で立てるようになる。

この直立姿勢によって歩行が可能となる。

2) 移動運動の発達

姿勢制御ができるに従い，ハイハイ，四つ足での移動，二足歩行の段階を経て，移動運動ができるようになる。うつ伏せ姿勢でのハイハイは，乳児が獲得する最初の移動方法であり，6か月頃にみられる。発達の順序性として，はじめは下肢を使わず，上肢に寄りかかるような形で身体を牽引する。8か月頃になると発達が下肢へと広がり，上肢と下肢を交互に動かした四つ足での前進に変化する（ただし，すべての乳児がこの段階を経るとは限らない）。9か月以降でつかまり立ちができ，10か月頃には支えられながらの二足歩行ができる。

3) 移動運動と知覚の協応

初期の歩行運動はぎこちなく，自分の動きを目で見ながら制御する必要があるため，頭が下を向く。また，ハイハイから四つ足への移動に関しても，視覚によって目標物を定めながら，キックする，下肢を左右に振る，ペダル漕ぎのような動きを使うなど，知覚情報をたよりにして一定の動作の反復で構成されていく[7]。つまり，新たな運動技能は突然現れるのではなく，さまざまな運動要素の組み合わせが知覚と協応することによって出現していると考えられる。

4) 運動調整能力の発達

2歳以降になると，その場でのジャンプ，1秒程度の片足立ちができるようになり，3・4歳頃には，立つ，走る，ケンケンといった動作が完成する。全身を使った調整能力も顕著に発達する。例えば，30cmほどの高さに張られた紐を跳び越し，すぐにその下をくぐって，また跳び越す運動の所要時間を計測すると，3歳から6歳にかけて急激に成績が向上する[8]。このような幼児期における運動調整能力の発達によって，目的に合わせながら身体各部を適切に協調させることができるようになり，運動パターンのバリエーションが増加していく。

(2) 微細運動の発達と順序性

微細運動の代表例は，手指を使った運動である。手指の運動の制御も，一定の方向性や順序性を伴って発達し，知覚と協応している。ここでは，手指の制御にかかわる**把握**の発達と，物に手を伸ばす動作（**リーチング**）の発達との関

係を示す。

1）手指の制御の発達（把握について）

物をつかむための把握は，物に手を伸ばすリーチングと連関性をもちながら発達する（表3-4）。

表3-4 把握とリーチングの発達連関

月齢（目安）	リーチングのレベル	把握の仕方
6か月頃まで	腕全体で掻くようなリーチング	手のひらの下の部分と小指を使う
6～7か月頃	ひじの曲げ伸ばしによるリーチング	手のひらの上の部分と親指以外の4本指を使う
8か月以降	直接的なリーチング	親指と人さし指を使う

リーチングが複雑化するのは，把握反射が消失してから（生後4か月頃）となる。リーチングの発達の順序性は，肩から手首に向かって進む。はじめは，肩を使って腕全体で掻くようなリーチングであり，生後6～7か月頃からひじの曲げ伸ばしを生かしたリーチングへ変化する。8か月以降になると，肩を前に出し，腕を伸ばして物へ手が届くような直接的なリーチングになる。その後，手首が機能するようになる。

リーチングの発達に伴い，物に手を向けてつかむ把握にも発達が生じている（図3-1）[9]。

把握の発達は，手の外側（小指の側）から内側（親指の側）に向かって進行する。すなわち，初期の把握は手のひらの下の部分と小指が使われ，6か月頃には，親指以外の4本の指をそろえて手のひらの間に入れてつかむことができる。8か月以降では親指と人さし指を使って物をはさめるようになり，12か月頃には，親指と人さし指で物をつまむこと（指先での把握）ができる。

2）把握と知覚の協応

視覚によって物の位置をとらえ，それを手でつかむためには，目と腕，手，指の協応が必要である。特に，目で見たものに対して運動感覚が協応する点について，生後間もない新生児であっても自分の顔に向かって接近する物体を見た時に，腕を上げて物が衝突するのを防ぐ反応を示す[10]。つまり，物が見え

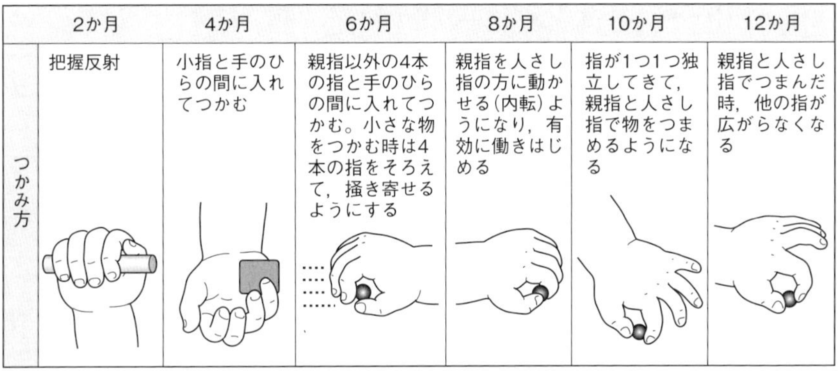

図3-1 物のつかみ方の発達

	2か月	4か月	6か月	8か月	10か月	12か月
つかみ方	把握反射	小指と手のひらの間に入れてつかむ	親指以外の4本の指と手のひらの間に入れてつかむ。小さな物をつかむ時は4本の指をそろえて、掻き寄せるようにする	親指を人さし指の方に動かせる(内転)ようになり、有効に働きはじめる	指が1つ1つ独立してきて、親指と人さし指で物をつまめるようになる	親指と人さし指でつまんだ時、他の指が広がらなくなる

[新井邦二郎編 (2000) 図でわかる学習と発達の心理学, 福村出版]

ることによって引き起こされる腕の動作は生後間もなくから準備されており、その後の視覚的探索や筋運動感覚の発達に伴いながら把握が巧緻化していくと考えられる。例えば、スプーンの使用は、手や手首の筋肉の発達、口までスプーンを持っていくための視覚と手の協応、そしてこれらの動きに合わせて口を開けるまでを含む組織化された発達といえる。

3) 日常生活における身辺自立との関連

微細運動の精度は5歳までに顕著に発達し、日常生活における身辺自立を可能にしていく。例えば、2つのボタンを制限時間内（20秒）でかけることができるかどうかについては、2歳では通過率が1％に対し、5歳では70％台まで上昇する[11]。また、鉛筆の操作についても、はじめは手のひら全体でつかんでいたものが、5歳頃には指先の動きで扱うことができ、持つ位置も上の方から先端の方になる[12]。

■引用文献

1) 猪飼道夫・江橋慎四郎（1965）体育の科学的基礎, 東洋館出版社.
2) 乾敏郎（2011）神経系の発達, 胎児の運動発達と顔バイアスの獲得過程. 心理学評論, 54, 123-137.

3) 小西行郎編（2013）今なぜ発達行動学なのか―胎児期からの行動メカニズム，診断と治療社．
4) Zelazo, PR（1983）The development of walking : new findings and old assumptions. *Journal of Motor Behavior*, **15**, 99-137.
5) 厚生労働省雇用均等・児童家庭局（2012）平成22年乳幼児身体発育調査報告書．
6) ヴォークレール, J, 明和政子監訳, 鈴木光太郎訳（2012）乳幼児の発達―運動・知覚・認知，新曜社．
7) Thelen, E（1987）Self-organization in developmental processes: can systems approaches work? *In* Gunnar, M & Thelen, E（Eds.）, Systems in Development: the Minnesota Symposia in Child Psychology, Hillsdale, NJ: Erlbaum.
8) 小林寛道・脇田裕久・八木規夫（1990）幼児の発達運動学，ミネルヴァ書房．
9) 新井邦二郎編（2000）図でわかる学習と発達の心理学，福村出版．
10) バウアー, TGR, 岡本夏木・野村庄吾・岩田純一・伊藤典子訳（1979）乳児の世界―認識の発生・その科学，ミネルヴァ書房．
11) Case-Smith, J & Pehoski, C, 奈良進弘・仙石泰仁監訳（1997）ハンドスキル―手・手指スキルの発達と援助，協同医書出版社．
12) 野中壽子（2003）幼児の手指の動作の発達．子どもと発育発達，**1**（5），302-305.

第4章
乳児期・幼児期前期の認知発達

1. ピアジェの発達理論

　子どもは生まれた時から，周りの環境や人とのかかわりを通して，物や人に対する見方・考え方，すなわち認知を発達させていく。
　認知の発達について，物や人に対する理解が進む仕組みを発達段階という形で説明したピアジェ（Piaget, J）について紹介する。

(1) ピアジェ理論の発達の仕組み

　ピアジェは，子どもが生まれてから児童期に至るまでを，年齢別に4つの段階に分けた（表4-1）。さらにこの発達段階が進む仕組みを同化（assimilation）と調節（accommodation）という2つの働きによって説明している。
　子どもは物や人とかかわりながら，外界を理解する枠組み（シェマ）を作っていく。経験したことは枠組みと照らし合わされ，枠組みに合う経験は行動レパートリーの1つとして取り入れられる。この働きを**同化**という。一方で，枠組みに合わない経験をした場合は，その経験に合うように枠組みの方を変えていく。この働きを**調節**という。例えば，乳児期の子どもは目の前に出された物を次々と握ろうとする。これは新しい物を「握る」というシェマに当てはめる同化という働きにあたる。一方で，これまで握ったことのない大きな物を目の前に出された場合，それまでとは違う指の動きを使って握らなければならない。この時，「新しい握り方で握る」というようにシェマを変えることが調節にあたる。この同化と調節のバランスがとれている状態を，**均衡化**（equilibration）という。

表4-1 ピアジェの発達段階

感覚運動的段階	Ⅰ. 反射シェマの行使	0～1か月	生得的な反射的活動を通して外界に働きかけ，外界を取り入れる
	Ⅱ. 第1次循環反応	1～3(6)か月	同じ動作を繰り返す（手を開いたり閉じたりするなど）
	Ⅲ. 第2次循環反応	3(6)～8(9)か月	動作の繰り返しに物を取り入れる（ガラガラを繰り返し振るなど）。目と手の協応の成立
	Ⅳ. 2次的シェマの協応	8(9)か月～1歳	目的と手段の分化（2つの動作を協力させて目的を達成する）。物の永続性の理解
	Ⅴ. 第3次循環反応	1歳～1歳半	繰り返す行動を実験的に行い，バリエーションを増やしていく（さまざまな手段を試して目的を達成する）
	Ⅵ. シェマの内化による新しい手段の発見	1歳半～2歳	実験を頭の中で行い，結果を予想するようになる（最初から一番いい手段で目的を達成する）。延滞模倣
前操作的段階	象徴的思考	1歳半(2)～4歳	イメージ（表象）の形成により「今，ここ」にないものについて考えることができる
	直観的思考	4～7(8)歳	物事の見た目に影響されて論理的に考えることが難しい
具体的操作期		7(8)～11歳	論理的に考えることができる。考える内容は具体的，現実的なものに限られる。「保存」の概念の獲得
形式的操作期		11歳～	論理的に考えることができる。考える内容は抽象的なもの（架空・仮定の話）にまで広がる

(2) 感覚運動的段階

ここでは，乳児期・幼児期前期にあたるピアジェの**感覚運動的段階**（表4-1）について，岡本[1]，ゴスワミ（Goswami, U）[2]を参考に説明していく。

感覚運動的段階では，外界の対象（物・人）に対して，見る，触る，音を聞くなどの感覚的・運動的働きかけを繰り返し，その体験を通して認知機能が発達していく。この段階はさらに6つの下位段階に分けられている。この段階の特徴として，同じ動作を繰り返し行う様子がみられる。例えば，手を開いたり閉じたり，ガラガラを繰り返し振ったりする。この動作の繰り返しを循環反応と呼び，その内容の複雑さに応じて第1次から第3次までに分けられている。

第Ⅰ段階では，生得的な反射的活動を繰り返し，同化と調節を重ねる。例えば，吸う反射をさまざまな物に対して当てはめて同化し，飢えが満たされるものとそうでないものを区別する。また，母親の乳首に合うように吸う反射を調整する。

　第Ⅱ段階は，第1次循環反応と呼ばれ，自分自身にかかわる感覚運動的動作（手を開閉する，同じ声を繰り返し出す，など）が繰り返される。

　第Ⅲ段階は，第2次循環反応と呼ばれ，外界の物に対して繰り返し動作（物を落とす，ガラガラを振る，など）を行う。外界の物に働きかけ，外界に変化をもたらす自分の動作に興味をもっていく。

　第Ⅳ段階は，2次的シェマの協応と呼ばれ，目的を達成するために複数の動作（おもちゃを覆っている布を払うという動作とおもちゃをつかむという動作）を協応させる。これら複数の動作（シェマ）が，目的とそれを達成するための手段として関連付けられていることも大きな特徴である。

　第Ⅴ段階は，第3次循環反応と呼ばれ，外界の物に対してさまざまなやり方で試行錯誤を行うことが特徴で，手段のバリエーションを増やしていく。例えば，物を落とすという行動について，いろいろなやり方で物を落とすようになり，落とし方の違いと物が落ちていく軌跡との関連に興味を示す。これは，仮説検証的な行動であり，この段階を通して物同士の空間的，因果的な関係を理解していく。

　最後の第Ⅵ段階は，シェマの内化と呼ばれ，動作の結果を予想できるようになり，実際に行為を行わなくても目的を達成するために必要な手段がわかるようになる。シェマの内化とは，それまで動作で確かめられていたことを動作として実行せずに内的にできるということ，またその内的な実行が組織化された形で行われることが重要で，後のイメージや概念等とともに思考活動の基本となっていく。

2. 認知の発達的特徴

　ピアジェの発達段階を参考に，およそ2歳までの認知発達の特徴を，物に対する認知と人に対する認知に分けてみていく。

(1) 物に対する認知
1) 随伴性の理解

乳児期の子どもは活発な手足の動きを通して，自分の動きや行動が周りに変化を与えていくこと（**随伴性**）を次第に理解していく。例えば，図4-1のように足を動かすとおもちゃのモビールが動く仕掛けを用意すると，気まぐれではなく，おもちゃを動かすために意図的に足を動かすようになる[3]。

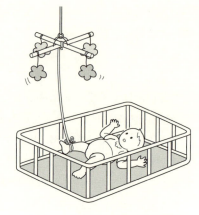

図4-1　随伴性の理解の実験

2) 視覚と触覚の統合

生後1か月の子どもに，表面が滑らかなおしゃぶりとイボがついているおしゃぶりをしゃぶらせた後に2つのおしゃぶりを見せると，子どもは直前にしゃぶっていたおしゃぶりをよく見る[4]。このことから，視覚と触覚という種類の異なる知覚情報を統合する能力をもっていることがわかる。

3) 目と手の協応

第Ⅲ段階の生後4か月頃になると，見た物に手を伸ばすことや触った物を見ることができるようになる。それまでは見るだけ，手を動かすだけと，別々に行われていたことを協力させて行うようになる。これを**目と手の協応**と呼び，視覚と運動との関連付けができるようになったことを示している。

4) 物の永続性の理解，目的と手段の分化

物が自分の視界から見えなくなっても物があり続けるということの理解を，**物の永続性の理解**と呼ぶ。8～12か月頃にその理解が可能となる。子どもの目の前にある物を布で覆って隠されると，布を払いのけておもちゃを取ろうとするようになる行動に現れる。それまでは物を手に入れる（目的）ということと物をつかむという行動（手段）は同じであった。それが物を手に入れる（目的）ために布を取る（手段）という別の行動をとるようになる。これを**目的と手段の分化**という。

この分化が可能になると，直接目的に向かって進むのではなく，別の手段を

利用できるようになる。例えば，すべり台をすべる側から上ろうとするのではなく，階段側から上ろうとするようになる。これを**一次元可逆操作の獲得**と呼び，1歳半頃からみられる[5]。

5) A not B エラー

　第Ⅳ段階で，物の永続性の理解ができても，隠された物をうまく探せないこともある。ピアジェは図4-2[6]のように，まず実験者がAに物を隠し，子どもがそれを見つけるということを行った。その後，子どもの目の前でBに隠したところ，子どもはそれを見ていたにもかかわらず，Aで物を探し続けた。このエラーは，次の第Ⅴ段階で消失していく。ピアジェはこのエラーについて，子どもは物がAにあると信じていることや，見つけたという感覚運動的記憶が場所Aと結び付いているためであるとしている。しかし近年では，ピアジェが指摘するような認知的混乱ではなく，先に行われたAを探すという行為が

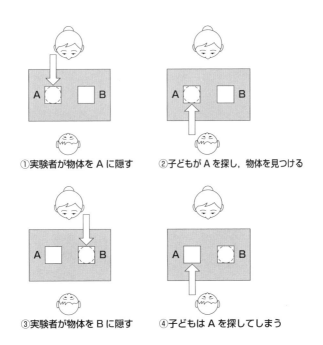

①実験者が物体をAに隠す　　②子どもがAを探し，物体を見つける

③実験者が物体をBに隠す　　④子どもはAを探してしまう

図4-2　A not B エラー課題の手続き
［ブレムナー，JG，渡部雅之訳（1999）乳児の発達，p.153，ミネルヴァ書房 を改変］

Bを探す行為より優勢となり，その優勢な行為（Aを探す）を抑えることができないという，自己の行動をコントロールすることの問題であるとする見方が強くなっている[7]。

(2) 人に対する認知
1) 顔の認知と模倣

子どもは小さい頃から人の顔に特に関心をもっている。生後すぐの乳児に図4-3のようなさまざまな模様の円の図形（人の顔，同心円，文字，白・黄・赤のペイント）を見せると，生後2日以内の子どもでも人の顔や複雑な図形を長く見ている[8),9)]。

また，生後数時間の新生児が大人の表情や手の動き（口を大きく開けたり，舌を出したりする）を模倣する**新生児模倣**が出現する[10)]。この反射的な新生児模倣は，感覚運動的段階の第Ⅱ段階である生後2か月頃にいったん消失し，同時期に自発的な模倣が始まる。最初は，「アー」と声を出したり，手指を開閉したりという，すでに子どもができる行動を模倣する。これらの模倣は，手本となる相手の表情，動作，行動を見た直後に模倣することから，**即時模倣**と

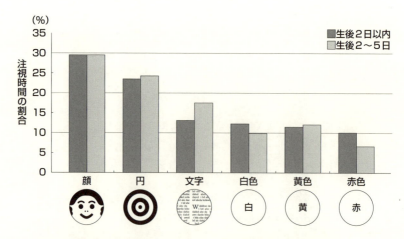

図4-3　Spitz（1963）による新生児の注視実験

［Fantz, RL (1961) The origin of form perception. *Scientific American*, 204, 66-72. /Frantz, RL (1963) Pattern vision in newborn infants. *Science*, 140, 296-297 より作成］

呼ばれる。

第Ⅳ段階で，初めて見た動作や表情を模倣することが可能となる。8か月頃では表情の模倣，10か月頃から体全体を使った身振りの模倣や道具を使った動作の模倣をし始める。例えば，両手に持った物を打ち合わせる，口や頭を手で叩く，こんにちは・ありがとうの意味で頭を下げるなどである。

第Ⅵ段階である1歳半頃から，大人の動作を見た後に時間をおいて模倣する**延滞模倣**がみられる。一度見たものを頭の中にイメージとして留めておかなくてはならないため，**表象**の発達の1つと考えられる。また，単に見た行動を模倣するだけでなく，その人が何を意図としてその行動をしていたかも理解している。例えば，大人が棒にはめられている積み木を外そうとするが，失敗するという場面を子どもに見せて，その棒を渡すと，失敗する行動そのものをまねるのではなく，成功して外す行動を示す[11]。人ではなく，機械が大人の手と同様の操作を示しても同様の行動をとらなかったことから，子どもは他者の行動を見ることを通して，他者の意図を理解しているのである。

2) ふ　　り

第Ⅵ段階では，寝たふりや積み木を耳に当てて電話をかけるふりなどの「ふり」が多く出てくる。積み木を電話機に見立て，あたかも電話であるかのように振る舞う。このように，物や自分を他の何かに見立てることは遊びとして頻繁に行われ，後にごっこ遊び（象徴遊び）へと発展していく。またふりは，後に発達する「心の理論（他者の信念や意図など心の状態を推測する認知的枠組み）」との関連が深いとされており，他者の心的状態を理解する重要な発達的現象であるといえる。

3) 人 見 知 り

8か月頃に見知らぬ人に会ったり，一対一になったりした時に，不安な様子を見せたり，泣いたりする。これは，**人見知り**，**8か月不安**と呼ばれ[12]，それまで関係を築いてきた養育者と見知らぬ他者とを区別する行動であると考えられる。

4) 三項関係の成立と社会的参照

生まれてすぐからの養育者とのかかわりによって，子どもは人・物とのかかわりを繰り返し，それぞれとの間に「自分―人」「自分―物」の**二項関係**を成

立させる。9〜12か月頃に,「自分―人―物」の3つが同時にかかわる**三項関係**が成立する。

三項関係の成立によって,子どもは他者が自分と同じ意図をもって行動する人であるということを理解する。それに伴い,子どもは何か不安なこと（この遊具で遊んでもよいのか）があると,親しい大人はその対象に対してどのような意図をもっているのかを確かめようとして,周りの大人の顔色や表情（笑っているか,怖がっているか）をうかがい,自分の行動（近づくべきか,離れるべきか）を判断しようとする。この行動を**社会的参照**（social reference）という。

3. 認知発達における大人の援助の役割

(1) 発達の最近接領域と足場づくり

これまで年齢に沿って認知の発達をみてきたが,子どもにかかわる大人や大人の背後にある文化が子どもの発達に重要な影響を与えると説明したのがヴィゴツキー（Vygotsky, LS）である。ヴィゴツキーは,子どもが1人で問題解決できる水準とその少し上に大人や年長の子どもの手を借りて解決できる水準があるとした。この2つ目の水準を成熟しつつある発達可能な水準であるとし,2つの水準の間を**発達の最近接領域**（zone of proximal development）と呼んだ。そして,教育とはこの最近接領域に働きかけ,発達を促していくものであり,そのような働きかけを**足場づくり**（scaffolding）と呼んだ。例えば,第Ⅵ段階で現れるふり行動について,ふり遊びの場面で母親が子どもに対してふりシグナル（微笑,子どもの顔への注視,効果音などの「これは遊びだ」と伝える行動）を多く行うことが,その時と半年後の子どものふり理解を促進することから,母親のふりシグナルが子どものふり理解という認知能力への足場づくりとなっていることがわかる[13]。

(2) 模倣による学習

模倣は,それまでに経験したことのない行動やスキルをまねることで身に付けていくという点で,1つの学習方法である[2]。模倣は,遺伝的には伝達でき

ない複雑な情報を子どもへと伝える手段，またコミュニケーションを成功させる手段という重要な意味がある[14]。感覚運動的段階を通して，子どもは外界に試行錯誤して働きかけ，最後の第Ⅵ段階では，そのような試行錯誤を内的に行うことで効率よく目標達成の手段を導き出せるようになる。模倣もまた，試行錯誤をするよりも効率的に適切な行動を身に付けていくための重要な手段である。

また，先にみたように，模倣を通してその行為だけでなく，他者の意図を理解できることから，コミュニケーションを円滑に進めることが可能となる。模倣を通して，自分と他者が同じ身体をもち，同じように心（意図，信念，欲求など）をもつ存在であると理解し，自分の身体を使った経験を他者の経験と重ね合わせて，共感することもできる。さらに，他者の心を読み取った行動をとることもできるようになる。

子どもの周りにいる大人がどのような社会文化にいるかによって，足場づくりの仕方が異なり，模倣される行動も異なる。したがって，ヴィゴツキーが指摘するように，大人のもつ社会文化の影響を受けながら，子どもの認知は発達していくと考えられる。

■引用文献

1) 岡本夏木（1986）ピアジェ, J. 村井潤一編：別冊発達4 発達の理論をきずく, pp.126-161, ミネルヴァ書房.
2) ゴスワミ, U, 岩男卓実・上淵寿・古池若葉・富山尚子・中島伸子訳（2003）子どもの認知発達, 新曜社.
3) Rovee-Collier, C & Hayen H (1987) Reactivation of infant memory: Implications for cognitive development. *Advances in Child Development and Behavior*, **20**, 185-238.
4) Meltzoff, AN & Richard Borton, RW (1979) Intermodal matching by human neonates. *Nature*, **282**, 403-404.
5) 田中昌人・田中杉恵（1982）子どもの発達と診断 2 乳児期後半, pp.107-115, 大月書店.
6) ブレムナー, JG, 渡部雅之訳（1999）乳児の発達, p.153, ミネルヴァ書房.

7) Diamond, A (1988) Abilities and neural mechanisms underlying AB performance. *Child Development*, **59**, 523-527.
8) Fantz, RL (1961) The origin of form perception. *Scientific American*, **204**, 66-72.
9) Fantz, RL (1963) Pattern vision in newborn infants. *Science*, **140**, 296-297.
10) Meltzoff, AN & Moore, MK (1977) Imitation of facial and manual gestures by human neonates. *Science*, **198**, 75-78.
11) Meltzoff, AN (1995) Understanding the intentions of others：Re-enactment of intended acts by 18-months-old children. *Developmental Psychology*, **31**, 838-850.
12) Spitz, RA, 古賀行義訳 (1965) 母－子関係の成り立ち―生後1年間における乳児の直接観察, 同文書院.
13) 中道直子 (2016) 乳幼児における「ふり」の理解の発達, 風間書房.
14) 明和政子 (2012) まねが育むヒトの心, 岩波書店.

第5章
幼児期後期・児童期の認知発達

　本章では,「第4章　乳児期・幼児期前期の認知発達」に引き続き,幼児期後期・児童期の認知発達について述べる。つまり,表4-1 (p.34) に示されたピアジェ (Piaget, J) の発達段階に照らし合わせると,感覚運動的段階以降の時期の認知発達についてとなる。

1. 幼児期後期における認知・思考の特徴

(1) 前操作的段階

　ピアジェは,幼児期 (1歳半もしくは2歳頃～7・8歳頃) の認識の発達段階を**前操作的段階**としている。さらに,前操作的段階において4歳頃で発達がみられ,それ以前の段階 (1歳半もしくは2歳頃～4歳頃) を**象徴的思考の段階**,それ以降の段階 (4歳頃～7・8歳頃) を**直観的思考の段階**としている。
　象徴的思考の段階では,子どもは目の前にない事柄を心の中でイメージ (**表象**) として思い浮かべ,考えたり行動したりすることが可能となる。それによって,ある事物を他の事物で表すこと (**象徴機能**) が可能となる。遊びにおいても,見立て遊びやごっこ遊びがみられるようになる。しかし,子どものもつ概念は未熟であり,上位概念と下位概念の区別がなかったり,個別の経験を過度に一般化したりしてしまう。
　直観的思考の段階では,言語発達が進み,経験した物事を分類したり,関連付けたりする力が発達する。しかし,その時々の知覚的な特徴,つまり,物事の見かけに左右されて一貫した論理的判断が難しい。この具体例として,「ある物の見かけや外見が変わっても数や量は同じである」という**保存概念**の獲得を調べた課題 (保存課題) における子どもの反応があげられる。例えば,液量

図 5-1　液量保存の課題

①2つの水の量が同じであることを確認する。
②子どもの目の前で片方の水を細長いコップに移す。
③2つの水の量は同じか，どちらが多いかを尋ねる。

保存の課題では，図5-1の手続きで子どもに水の量の判断を求める。すると，コップに入った水の高さに惑わされ「細長いコップの方が多い」と答える。

また，前操作的段階の特徴として，自分の視点と他者の視点の区別が不十分であり，他者の視点を問われた場合でも自分の視点に基づいた反応を示す**自己中心性**，無生物に対して生物や人間の特徴を付与する**アニミズム的思考**などがみられる。

(2) 3次元的認識の形成

5歳頃，子どもの世界のとらえ方に大きな変化が生じる。つまり，物事を「上―下」「大きい―小さい」「前―今」のように2つの対比的な関係としてではなく，「上―真ん中―下」「大きい―同じ―小さい」「前―今―後」のように3次元で理解できるようになる[1]。3次元的認識は，最初は自身を基準として（例えば，自分を真ん中として上と下など）理解がなされるが，徐々に独立した概念としての理解が可能になる。また，このような認識は空間関係や時間関係だけでなく，「きれい，きたない，少しだけきれい」「好き，嫌い，どちらでもない」などのような価値的な面でもみられるようになる。

3次元的認識が形成されることで，いくつかの棒を短いものから順に並べるといった系列的な整理や理解が徐々に可能になる。また，「小さい時の自分」と「今の自分」「大きくなった自分」を描き分けることができたり，小さい時から変わってきた（あるいは変わらない）自分や将来の自分について語ったりするなど，自分自身の，さらに他者の変化や成長をとらえること（**自己形成視**）

も可能になる[1]。

(3) 素朴理論

　事例2に示すように，幼児期の子どもは，日常生活の中で自身を取り巻く環境に対して積極的に説明を行ったり，環境からのフィードバックを通して自身の説明を見直したりする。そして，身の周りの出来事や事象について子どもなりのルール（概念）を形成し，知識として蓄えていく。このように，科学的な検討や実証がなく日常経験の中で素朴に作り上げられたルール（概念）のことを**素朴概念**という。さらに，特定の領域の中で素朴概念が関連付けられ，まとまりのある知識となったものを**素朴理論**という。

〈事　例2〉
　夕方，保育所からの帰り道，車の窓から外を眺めていた5歳児のA君は，「なぜ，月は動くの？」と父親に尋ねた。父親が「なぜだと思う？」と尋ねると，少し考えた後「風が吹いているから」と答えた。A君はその答えに満足しているようであったが，しばらく車を走らせていると突然，「お父さん，さっきの間違っている。風が吹くからじゃない」と言い出した。そこで，「なぜ，そう思ったの？」と尋ねると，「車が曲がったのに，月がそのままついてくる」と答えた。A君は月が風に吹かれて動いているのであれば，車と同じように曲がることができないと考えたようであった。

　子どもは物理現象や生物について，さらに，人の心などについて素朴理論を形成し，それぞれの領域に関連するさまざまな出来事や事象に対して比較的一貫した説明や推論，予測を行う。例えば，幼児なりの理論に基づいて生物と無生物の区別が可能であることや，6歳児の多くが人間になぞらえて生物の反応を推測する（**擬人化**）ことが示されている（擬人化の例を表5-1に示す）[2]。
　擬人化に関連して，前述したようにピアジェは幼児期における認識の特徴の1つとしてアニミズム的思考をあげている。従来，このアニミズム的思考は子どもの概念の未熟さから生じると考えられてきた。一方，素朴理論の考え方に立てば，アニミズム的思考や擬人化は，生物についての知識が十分ではない子どもが，人間に関する知識を使って生物について考える能動的な活動であるととらえることができる[2]。

表5-1 擬人化の例

研究者：バッタには，普通1日に1回か2回エサをやります。では，1日10回エサをやったらどうなるかな？ 子ども：バッタはね，目が回って死んじゃう。バッタは虫だけど，（そこのところは）人間と同じだから。
研究者：もし毎日バッタの世話をしている人が死んでしまったら，バッタは何か感じるかな？ 　　　　（「感じる」と答えた時）どんなことを感じているの？　どうしてそう感じるの？ 　　　　（「感じない」と答えた時）どうして何も感じないの？ 子ども：バッタはいやだなあって感じる。

[稲垣佳世子，他（2005）子どもの概念発達と変化—素朴生物学をめぐって—，共立出版]

(4) 心 の 理 論

　子どものもつ素朴理論の1つとして，自己や他者の心的状態（感情，欲求，信念など）に関する理論がある。これを，**心の理論**（theory of mind）という。人は「心の理論」をもつことで，直接見ることのできない他者の心の働きについてある程度一貫して解釈したり，予測したりすることが可能となる。幼児期の「心の理論」の発達を調べる課題に，**誤信念課題**がある。誤信念課題の代表的な課題である「サリー・アン課題」では，図5-2[3]に示す人形劇を見せた後，「サリーはビー玉を見つけるためにどこを探すのか」を子どもに尋ねる。子どもがこの課題に成功するためには，「（実際にビー玉はアンの箱の中にあるが）サリーはビー玉がかごの中にあると思っている」ということを理解する必要がある。つまり，同一の状況に対して子ども自身と他者（この場合はサリー）がそれぞれ異なった信念を抱いていることを理解する必要がある。3歳児ではこの理解が困難で実際の状況に基づいて「箱の中を探す」と答えるのに対し，4歳以降では「かごを探す」と正答できるようになる。また，5歳頃になると，サリーの知覚経験（ビー玉が箱に移されるのを見ていなかった）や行動（ビー玉をかごに入れた）に基づいて，誤信念課題での判断理由についても答えられるようになる[4]。

　なお，サリー・アン課題のように「Aが～と信じている」ことの理解を一次的信念の理解と呼ぶのに対して，より複雑な「『Aが～と信じている』ということをBは信じている」ということの理解を二次的信念の理解と呼ぶ。例えば，子どもが親に内緒でお菓子を食べて，お菓子がなくなってしまった場面

図 5-2 サリー・アン課題
［フリス, U, 冨田真紀, 他訳 (1991) 自閉症の謎を解き明かす, 東京書籍］

を考えてみよう。この場合,「親はお菓子があると思っている」ことを理解できるのが一次的信念の理解である。それに対し,「『親はお菓子があると思っている』と子どもが思っている」ことを理解できるのが二次的信念の理解である。この二次的信念の理解は, 児童期以降に可能になる[5]。

(5) 実行機能とワーキングメモリの発達
1) 実行機能
　実行機能とは, 目標に向けて注意や行動をコントロールする能力のことであり, 重要なプロセスとして,「抑制」「シフティング」「更新」という3つの要

素が指摘されている（表5-2）。実行機能は，幼児期に大きく発達することが明らかになっている[6]。3歳半から4歳前後に「○○しながら××する」，4歳半頃に「○○だけれども××する」といった行動スタイルがみられるようになることが指摘されているが[7]，このような行動の出現もその背景に実行機能の発達があるといえよう。また，このような行動が促され認められていくことによって，さらに実行機能が発達していくと考えられる。

実行機能は，さまざまな認知機能，とりわけ対人関係に関連する認知機能の発達に影響を及ぼすことが指摘されている[6]。例えば，先ほど述べた「心の理論」における誤信念課題での反応と実行機能との間に関連があることが示されている[8]。加えて，学業成績との関連もみられ，幼児期の実行機能とその後の学業成績との間に関連がみられることが示されている[9]。

2）ワーキングメモリ

実行機能の更新というプロセスは，情報を一時的に頭の中で保持し，それと同時にその情報を更新するプロセスであり，ワーキングメモリに関連する。ワーキングメモリには，図5-3に示す4つの側面がある[10]。

ワーキングメモリについては，幼児期後期に発達すること，また，その容量（一度に保持・処理できる情報量）に個人差がみられることが明らかとなって

表5-2　実行機能の重要な3つのプロセス

	内　容	具体例
抑制	ある状況で優勢な行動や思考を抑えるプロセス	・外の様子が気になるが，窓の外を見ずに先生の話を聞く ・思わず言いそうになったことを我慢する　　　　　　　など
シフティング	ある次元から別の次元へ思考や反応を柔軟に切り替えるプロセス	・話題が変わっても，その話についていける ・うまくいかなかった時，すぐに別の方法を考えることができる　　　　　　　　　　　　　など
更新	短い間心の中で情報を留め置き，同時にその情報を更新する能力。ワーキングメモリ	・神経衰弱ができる ・口頭で言われた式について暗算できる　　　　　　　　　　　など

いる[11]。ワーキングメモリは，読み書き・算数・思考といった認知活動に影響を及ぼすため，容量の小さい子どもは児童期において学習活動がより困難になってしまう。また，ワーキングメモリが比較的少ない児童は教師の説明や他児の発言を聞くことが容易でないなど，授業への参加が困難になることも明らかとなっている[12]。表5-3は，ワーキングメモリの小さい児童が学級の中で示す一般的な行動をまとめたものである[10]。ただし，子どもの日常の行動にはさまざまな背景が考えられるため，このような行動を示した子どもが必ずし

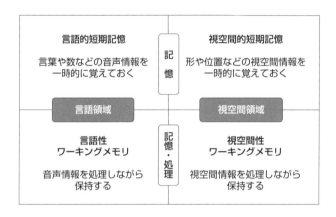

図5-3 ワーキングメモリの4つの側面

［湯澤正通，他（2017）ワーキングメモリを生かす効果的な学習支援―学習困難な子どもの指導方法がわかる！―，学研プラス］

表5-3 ワーキングメモリの小さい子どもが学級の中で示す一般的な行動

課題への取り組み	・教師の指示どおりにできない ・作業の進行状況がわからなくなる ・同時にいくつかのことが求められる課題に失敗する ・複雑な課題に失敗する	授業への態度	・板書がうまく写せない ・話し合いに積極的に参加できない ・挙手が少ない ・うわの空になることが多い
学習	・漢字がなかなか覚えられない ・読みがスムーズに行えない ・算数の計算や文章題が解けない	日常生活	・忘れ物が多い ・なくし物が多い

［湯澤正通，他（2017）ワーキングメモリを生かす効果的な学習支援―学習困難な子どもの指導方法がわかる！―，学研プラス をもとに作成］

もワーキングメモリの困難さを抱えているわけではない。表5-3は学校場面を想定したものであるが，ワーキングメモリの少ない幼児が保育の場で示す姿を考える際の参考になるだろう。ワーキングメモリに困難さのある子どもに対しては，環境構成やかかわり方の工夫などを通してその困難さを補うと同時に，その子どものもつ強みを生かす支援やかかわりが重要となる[10]。

2. 児童期における認知・思考の特徴

(1) 論理的思考の始まり

ピアジェは，児童期の認知・思考の特徴を**具体的操作**という言葉で表している。この時期には，外見的特徴や見かけに左右されず，物事を論理的に考えて理解することが可能となる。例えば，保存概念を獲得し，前述した液量保存の課題でも見かけに惑わされず，「水の量は同じである」と答えられるようになる。「同じ」と答えた子どもにその理由を尋ねると，「ただ水を移しただけだから」「元に戻したら同じになる」「こっちの水の方が高くなったけど，こっちの水の方が幅が広い」といった理由を話してくれる。このように，幅の狭いコップに水を移したという手続きや水を元に戻した時の変化を頭の中で思い描くことで，また，高さと幅といった複数の側面を同時に考慮することで，手続きの結果生じた見かけ上の変化に惑わされない判断が可能になる。

さらに，いくつかの分類基準を考慮しながら物事を分類して理解したり，大きい順または小さい順などのルールに基づいて一貫して物事を順序づけて理解したりすることも可能になる。ただし，このような論理的な思考が可能なのは，具体的な対象についてや，具体的経験に沿った内容に限られる。つまり，抽象的な事柄に対して論理的に考えることや，記号を用いて論理的に考えることは難しい。例えば，「ネズミが犬より大きくて，犬が象より大きければ，何が一番大きいか」といった，具体的な経験と矛盾する事柄については，論理的に考えることが難しい[13]。

また，児童期には「他者にはどのように見えているか」や，「他者はどのように考えているか」など，他者の視点に立って物事を考える力が発達する（**脱中心化**）。

(2) 自分の認知や思考についての理解

　児童期における認知・思考の発達の特徴として，自身の認知や思考に関する知識をもち，それらを意図的に調整，コントロールする能力（**メタ認知能力**）の発達があげられる。メタ認知能力には，自身の認知・思考の特徴に関する知識や認知的な作業を行う際の方略に関する知識（方略の内容，方略をいつ・どのように使うのか，どのような効果があるのか，など）などの**メタ認知的知識**と，実際の認知活動や思考をモニタリングしたり，コントロールしたりする**メタ認知的活動**（図5-4）という2つの側面がある[14]。メタ認知能力は，児童期において子どもの学習活動，特に子ども自身にとって有効な学習の仕方を自身で計画して実行したり，自分の学習の程度を評価したりするといった主体的な学習活動を支える能力であると考えられる。

　メタ認知能力の発達に関して，児童期中期（9・10歳）頃に自身の思考過程を意識化できるようになる，目的に応じた効率的なプランニングが可能になるといった質的な変化がみられることが指摘されている。藤村は，この発達的変化を促す事柄を2点あげている[15]。1点目は，言語を自身の行動を調整するための道具としても使用できるようになる，つまり**内言の成立**である。2点目は，

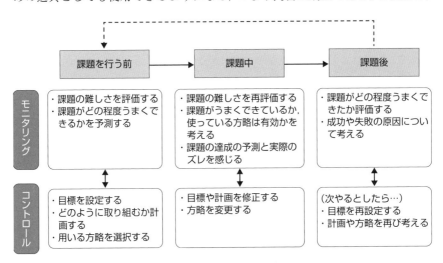

図5-4　課題遂行の各段階におけるメタ認知的活動
[三宮真智子（2008）メタ認知研究の背景と意義．三宮真智子編：メタ認知―学習力を支える高次認知機能―，第1章，pp.1-16，北大路書房　をもとに作成]

メタ認知的な側面を意識させる言葉がけやメタ認知的活動を促すような方向付けといった周りからの働きかけである。

(3) 科学的概念の獲得

　児童期の子どもは小学校に入学し，教科教育を通してさまざまな科学的概念を学習していくことが求められる。その一方で，前述したように，子どもは科学的概念を学習する前に，日常経験を通して素朴概念や素朴理論を形成している。しかし，素朴概念や素朴理論の中には，科学的には誤った知識や概念も含まれているため，教科教育では誤った素朴概念や素朴理論の修正が必要となる。では，児童期において概念の変化をもたらすものは何であろうか。湯澤は，①関連する知識の増加，②先に述べたような論理的思考力やメタ認知能力の発達，③学校教育などの社会文化的影響の3つをあげている[16]。

　しかし，素朴概念や素朴理論の修正は必ずしも容易ではなく，教科教育を困難にさせる場合がある。吉野らは，素朴概念が修正されにくい原因として，次の2点をあげている[17]。まず1点目は，素朴概念や素朴理論の強力さである。子どもは日常経験や外界とのかかわりを通して素朴理論を形成し，それによっていろいろな出来事や事象を解釈し対処してきた。その意味で素朴概念や素朴理論は子どもたちにとっては「自然」で強力なものであり，修正が困難なものである。2点目として，授業などで素朴概念とは異なる正しい科学的概念や知識を学んだとしても，その内容に関連する素朴概念が見直されることはなく，それぞれが子どもの中で別々の知識・概念として併存してしまうことを指摘している。つまり，日常経験に基づく素朴な見方と科学的な見方がともに存在し，状況によって異なった見方が採用されるのである。したがって，教科教育においては，子どものもつ素朴概念や素朴理論を考慮した上で，現実世界に対する見方をより豊かなものにする教育を行うことが重要となるであろう。

■引用文献

1) 田中昌人・田中杉恵（1988）子どもの発達と診断 5 幼児期 Ⅲ，大月書店．
2) 稲垣佳世子・波多野誼余夫（2005）子どもの概念発達と変化—素朴生物学を

めぐって―．共立出版．
3) フリス, U, 冨田真紀・清水康夫訳（1991）自閉症の謎を解き明かす，東京書籍．
4) 木下孝司（1991）幼児における他者の認識内容の理解―他者の「誤った信念」と「認識内容の変化」の理解を中心に―．教育心理学研究，**39**，47-56．
5) 林創（2002）児童期における再帰的な心的状態の理解．教育心理学研究，**50**，43-53．
6) 林創（2016）子どもの社会的な心の発達―コミュニケーションのめばえと深まり―，金子書房．
7) 田中昌人・田中杉恵（1986）子どもの発達と診断 4 幼児期 Ⅱ，大月書店．
8) 小川絢子・子安増生（2008）幼児における「心の理論」と実行機能の関連性：ワーキングメモリと葛藤抑制を中心に．発達心理学研究，**19**，171-182．
9) 森口佑介（2015）実行機能の初期発達，脳内機構およびその支援．心理学評論，**58**，77-88．
10) 湯澤正通・湯澤美紀（2017）ワーキングメモリを生かす効果的な学習支援―学習困難な子どもの指導方法がわかる！―，学研プラス．
11) ギャザコール, SE & アロウェイ, TP，湯澤正通・湯澤美紀訳（2009）ワーキングメモリと学習指導―教師のための実践ガイド―．北大路書房．
12) 湯澤正通・渡辺大介・水口啓吾・森田愛子・湯澤美紀（2013）クラスでワーキングメモリの相対的に小さい児童の授業態度と学習支援．発達心理学研究，**24**，380-390．
13) 矢野喜夫（2002）児童期．田島信元・子安増生・森永良子・前川久男・菅野敦編：認知発達とその支援，第 9 章第 1 節，pp.109-125，ミネルヴァ書房．
14) 三宮真智子（2008）メタ認知研究の背景と意義．三宮真智子編：メタ認知―学習力を支える高次認知機能―，第 1 章，pp.1-16，北大路書房．
15) 藤村宣之（2008）知識の獲得・利用とメタ認知．三宮真智子編：メタ認知―学習力を支える高次認知機能―，第 2 章，pp.39-54，北大路書房．
16) 湯澤正通（2011）科学的概念への変化―概念変化の要因と研究の課題―，心理学評論，**54**，206-217．
17) 吉野巖・小山道人（2007）「素朴概念への気づき」が素朴概念の修正に及ぼす影響―物理分野の直落信念と MIF 素朴概念に関して―．北海道教育大学紀要，**57**，165-175．

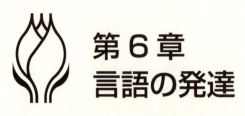

第6章
言語の発達

1. 前言語的コミュニケーション

(1) 泣きとクーイング（生後0か月～3か月）

　子どもは，生まれつき人とかかわるための能力をもっており，人の顔を見る場合には，見慣れない顔よりも見慣れた顔を好んで見る。そのため養育者からさまざまな養育行動を得ることができ，言葉の発達も促されることとなる。

　生まれてしばらくの新生児（生後0か月～1か月）は，鼻・口・のどなどの空間が狭く未発達なために，言葉の元となる音（音声）を発することができず，「泣く（叫喚発声）」ことで快・不快を養育者に伝える。生後1か月頃には，養育者に向けて微笑するようになる。生後2か月頃から，気分のよい時などに「アーウ」「クー」といった**クーイング**（非叫喚発声）と呼ばれる発声をするようになると，このクーイングを使って養育者とやり取りを始めるようになる。例えば，子どもは授乳の時に一定のリズムで「吸う―休む」を繰り返す。母親は子どもが吸うのを休むと，それに続いて「よしよし」と声をかけて子どもを揺さぶる（随伴的反応）が，母親が反応しないと子どもは再び発声を行う。

　このように，生後間もない子どもでも母親との間で「吸う―休む―反応する」といった相互的なやり取り（**ターン・テーキング**；turn-taking）を行うようになる[1]。

(2) 喃語とジャーゴン（生後4か月～11か月）

　生後4か月頃になると，子どもは1人で「声遊び」をしているかのように，高さ,強さ,長さがさまざまな音を発するようになる。さらに6か月頃には，「バ,

バ，バ」といった1音節の音声（規準喃語）が現れ，次いで「ババ，ババ」といった同一音声が繰り返される音声（反復喃語）へと変化し，その後音声の基礎となる「バマ，バマ」といった異なる音を組み合わせた音声（非反復喃語）が現れるようになる。生後10か月頃になると，会話のように聞こえるが意味を読み取ることができないジャーゴン（会話様喃語）や，子ども自身の特有の表現で養育者に意図を伝えようとする原言語が現れる。

乳児期は，泣きやクーイングといった発声から始まり，次第に喃語やジャーゴンといった音声を作り出すようになる，言葉を話すための準備期である[2]。

(3) 共同注意と三項関係の成立

5か月頃になると，子どもはおもちゃで遊んでいる時は自分と物との間のやり取り（自分―物の二項関係）を行い，遊んでいる子どもに養育者が声をかけるとおもちゃを放り出して自分と養育者との間のやり取り（自分―人の二項関係）を行う。そこで養育者が子どもの目の前でおもちゃを揺らしながら「ほら，お人形さんよ」と注意を引いたり，子どもが見ている物に視線を向けながら「くまさんね」などと声をかけたりすると，子どもは養育者が注意を向けさせようとするおもちゃを一緒に注視したり，養育者が何を見ているのかを確認するように養育者の顔を見たりするようになる。また，このようなやり取りを通して子どもは次第に養育者の意図を理解し始めるようになるため，9か月頃から養育者が見ている方向を追視したり，養育者が見ている物に向かって指さしをしながら声をあげたりするなど，養育者と同じ物を見ながら情緒的なやり取りを行うようになる（**共同注意**）[3]。さらに，何かを発見して驚いた時に「ほら，見て！」といったように物を指さし，並んで同じ物を見ながら感動した体験を共有するといった「並ぶ関係」や，おもちゃを指さして「あれ，ほしい！」といった要求の指さし，「あれなに？」といった質問の指さし，「あれは～だね」といった叙述の指さしを行う「対面関係」がみられるようになる（表6-1）。

しかし，これらの指さしは「今，ここにあるもの」を示すことはできても，「今，ここにないもの」を指し示すことができない。そのため，次第に表象の理解に伴い言葉を使用した「自分―物―人」の**三項関係**へと移行していく[4]。

表6-1 言葉の発達過程

		前言語期			言語期			話す・聞く・読む・書く（2次的）
		聞くこと			聞くこと・話すこと（1次的）			
		0～3か月	4～9か月	10か月～1歳	1歳～2歳半	2歳半～3歳	3歳～6歳	就学前期
言語の発達	音声（音韻）	泣きクーイング	規準喃語 反復喃語 非反復喃語	ジャーゴン 原言語	初語 一語文 二語文			
	語彙（意味）			表象と象徴機能	語彙の爆発 過度の拡張と制限			メタ言語
	文法 読み書き（統語）					多語文	ひらがな	特殊なひらがな・カタカナ・漢字
	語の使用（語用）				「コレ？」「ナニ？」	「ナゼ？ドウシテ？」	会話手法の使い分け	会話の維持
認知や社会性の発達	共同注意の発達	（2か月～）互いに顔を見ながら情緒的やり取り（対面的な共同注意）						
		（6か月～）同じ物を注視する（共同注意）						
		（9か月～）同じ物を見ながら情緒的やり取り（共同注意）						
		（15か月～）同じ物をイメージしながら情緒的やり取り						
	二項関係と三項関係	(0～4か月)自分―人の二項関係／(5～9か月)自分―物の二項関係	(9か月～)自分―物―人の三項関係 並ぶ関係／感嘆・共有／叙述・質問・要求／対面関係／物・事象		(1歳～)自分―表象―人の三項関係 ここ／言語的やり取り／表象／あそこ／並ぶ関係／対面関係			

[坂原明（2003）志向・言語―考えるこころ，考えを伝えるこころの発達―．平山諭・保野孝弘編：発達心理学の基礎と臨床② 脳科学からみた機能の発達，第6章，pp.112-126，ミネルヴァ書房／大藪泰（2013）赤ちゃんの心理学．pp.135-147，日本評論社／やまだようこ（2017）前言語期のコミュニケーション．秦野悦子・高橋登編：講座・臨床発達心理学⑤ 言語発達とその支援，第4章，pp.63-89，ミネルヴァ書房／小泉嘉子（2011）言語の発達．本郷一夫編：シードブック 保育の心理学Ⅰ・Ⅱ，第9章，pp.83-92，建帛社 をもとに作成］

(4) 象徴機能の獲得

　実際のバス（意味されるもの；所記）を，積み木（意味するもの；能記）で見立てるといったように，意味されるもの（所記）と意味するもの（能記）とを自分の中で結び付けてイメージしたり，関係付けたりすることを，**表象**という。また，今ここにないもの（意味されるもの）を頭の中で「イメージ化（表象）」し，そのイメージを言葉・物・動作（意味するもの）などで代表させることを**象徴機能**（symbolic function）という。例えば，ピアジェ（Piaget, J）の息子であるローランは，生後9か月の時に父親であるピアジェがからだを動かして椅子をきしませると，父親の姿を探すようなしぐさをしたという。このように椅子の音が父親（ピアジェ）の存在を予期するための「指標」のように理解されるようになる[5]。その後，1歳前後では積み木をバスに見立てて遊ぶなど，目の前にあるもの（意味するもの）によって，目の前にないもの（意味されるもの）を表現（象徴）するようになる。

　象徴機能の獲得は，形や音が似ているといった類似性がなくとも，意味するものと意味されるものとを結び付けることのできる言葉（記号）の理解へとつながっていく。例えば，実物の「猫」と言葉の「ネコ」「cat」との間には音や形態の類似性はないが，この2つは頭の中にある「ネコ」の概念的なイメージによって結び付けられて理解されている[6]。

　このように，表象の理解の獲得とともに物を介して人とかかわる「人—物—自分」の三項関係が成立するようになると，物を介したやり取りから，今ここにない事象についてイメージを共有しながらやり取りを行うことが可能となる，言語的コミュニケーションの獲得へとつながっていく。これらの前言語的コミュニケーションの発達過程を，表6-1にまとめた[1],[3],[4],[7]。

2. 言語的コミュニケーション

(1) 一語文の成立（1歳〜1歳半）

　1歳頃になると，子どもは「マンマ」のように意味のある語を初めて発するようになる（**初語**）。この初語は増加・消失を繰り返しながら定着した数になっていくが，消失せずに定着する語の種類や増加の速度には個人差がある。

ようやく語が定着すると，子どもは一語を文の機能があるかのように使用するようになる（**一語文**）。例えば，図6-1のように，「パパ」という一語によって，「パパが出かけた」などさまざまな意味を表すようになる[8]。

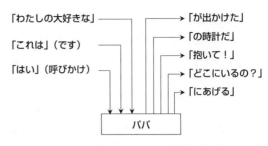

図6-1 「一語文」が表現するもの
[村田孝次（1973）言語発達．藤永保編：児童心理学，第7章，pp.277-328，有斐閣]

また，この時期の語の意味には，「ワンワン」を犬だけでなく猫や牛にも適用するなど，言葉の適用範囲を広げて使用する「過度の拡張」がみられる。また逆に，「ワンワン」を自分の家の犬にしか使用しないなど，言葉の適用範囲を狭めて使用する「過度の制限」もみられることもある。

これらのことから，この時期の子どもは「語と語がもつ意味」との関係を理解するようになり，一語文で自分の要求などを表現したり，自分のもつ少ない言葉のレパートリーを拡張・制限したりすることで，他者とやり取りを行っている様子がうかがえる。

(2) 二語文の獲得と多語文の出現（1歳半〜3歳）

1歳半頃を過ぎた子どもが50くらいの語を定着して使用するようになると，使用する語の数が急激に増大するようになる（**語彙の爆発**）。この頃から，子どもは物には名前があることを理解し始め，「これ　ウサギ」のように二語をつなげた発話を行うようになる（**二語文**）。表6-2のように，この時期の子どもが多く使う二語文は，「これ＋物の名称（これ　ウサギ）」ですべての二語発話数の14％を占めており，次いで「行為者＋行為（フミちゃん　帰った）」が12％を占めている。このような二語発話は，10種類の発話で全二語発話の60％を占めている[9]。

さらに2歳頃になると，子どもは三語以上の語をつなげた発話（**多語文**）を行うようになる。「オカーサン　ボーシ」などの二語文にみられるような助詞

表6-2　二語発話の主要な統語意味関係

統語意味関係	例文	1歳8か月	1歳9か月	1歳10か月	1歳11か月	2歳0か月	計	占有率(%)
これ+物の名称	これ　ウサギ	1	8	23	81	10	123	14
行為者+行為	フミちゃん　帰った	4	17	20	29	33	103	12
存在物+存在・発見	写真　あった		3	25	23	14	65	8
対象+行為	さかな　食べた	6	9	6	29	13	63	7
非有生主体+動き	ニュース　終わったね	1	8	8	15	15	47	5
要求対象+要求	りんご　要る	6	9	7	16	9	47	5
所有者+所有物	お父さん　おズボン	4	3	9	5	7	28	3
交換対象+交換	お薬　もらった		5	7	6	9	27	3
行先+移動	公園　行こう	1	1	6	2	7	17	2
場所的対象+行為	ブブ　乗る	1	1	2	9	3	16	2
計（異なる発話数）		24	64	113	215	120	536	62
当月の二語発話数（異なる発話数）		29	89	194	345	208	865	

［綿巻徹（2001）発話構造の発達．秦野悦子編：ことばの発達入門，第4章，pp.82-113，大修館書店を一部修正］

が省かれて電報文的であった発話は，この頃になると発話の形態の長さ（平均発話長；mean length of utterances（MLU））が長くなり，次第に洗練されていく．例えば，「フォーク　モ　アリマスヨ」のように，助詞を使用した多語文が現れるようになる．

　このような一語文から二語文，さらに多語文への発達は，発達障害（ダウン症）の子どもも似たような順序で発達する．しかし，会話の形式は単純なものが使われ，内容が抽象的でないものが多く，会話も主導的でない傾向がみられる[10]．また，認知的側面の遅れがある場合には，二語発話以降の多語文への発達やその複雑化が難しくなる[9]．

3.「今，ここ」を離れた言語の獲得（3歳～6歳）

(1) 会話のための言葉から思考の道具へ

　3歳前後の子どもを観察すると，集団の中で独り言のような会話をすることがある．ヴィゴツキー（Vygotsky, LS）は，このような独語は1人でいる時ではなく，遊びの場面などの集団の中でみられることから，他者とやり取りをするための言葉（**外言**）から，自分の頭の中で考えを整理するために自分の中

でつぶやく言葉（**内言**）への移行期に現れる現象だと考えた[11]。例えば，ダウン症の子どもでは，3歳6か月頃に車のおもちゃで遊んでいる際に，「コウ，ア，テ，コウ，ア，テ（こうやって　こうやって）」という独語がみられており，言葉を使ってどうしたらよいかを考えている様子がうかがえる[12]。

　6歳以降になると，外言は他者との会話のやり取りのための優れた伝達手段として，一方，内言は「今，ここ」を離れた場所や遠い未来，抽象的な事柄などを考える際に「思考の道具」として，使い分けられるようになる[11]。

(2) 相手を意識して会話をすることの理解

　子どもは，日常的な他者との会話場面の中で，自然と相手の心の状態や相手の状況を意識して会話をするようになる。例えば，4歳頃の子どもは，自分の弟や妹と会話をする時，同年代の友だちや養育者と会話をする時より発話の形態の長さが短い言葉を使用する。また，この頃の子どもは，母親がおやつを準備していた時に，その場にいない父親について「オトウサンノハ？」という発話を行うなど，他者の立場に立った発言を行うようになる[12]。新しい場面や人になじむのに時間がかかる発達障害（ダウン症）の子どもの場合でも，集団の中で他児とやり取りを行うことで，次第に「ワタシニモ　ミセテ」と自分から要求したり，「ガンバッタヨ」と自分の思いを人に伝えたりするなど，人間関係の広がりとともに言葉の広がりもみられるようになる[10]。

　このように，他者と会話を行うためには，音声の獲得，語の意味の理解，文法の理解だけでなく，集団の中で人とやり取りを行う経験を通して，他者の存在や自分の存在を意識し，相手の気持ちや考えといった他者の心の理解を獲得することが必要になる。

(3) 読み言葉と書き言葉の理解

　言葉の発達については，前言語期（～1歳）は聞くことが中心となるが，就学前（1歳～6歳）の言語期は話す・聞くといった「一次的言葉」の活動が中心となり，就学後（7歳～）は話す・聞く・読む・書くといった「二次的言葉」の活動が行われるようになる[13]。そのため，6歳頃になると多くの保育所や幼稚園等では，就学に向けて名前を書いたり，絵本を読んだりといった文字の読

み書きの機会が増える。こうした読み書きは急激に始まるものではなく，幼児期から続く言葉の理解の獲得と関係している。

　ひらがなの読みについては，4歳後半に50％の子どもが読めるようになり，5歳前半になると多くの子どもが読むことができるようになるため，絵本を一人で読む様子がみられる。また，ひらがなの書きについては，4歳から次第に書く字数が増え，5歳後半には50％の子どもがひらがなを書くことができるようになり，折り紙などに友だちに向けて短いメッセージを書いて渡すなどもみられる[14]。

　これらのことから，子どもは就学後の組織的な学習を通して読み書きを急速に獲得するのではなく，生活の中で文字に関連した活動を目にしたり，参加したりすることで，自然と身に付け始めている。

4. 子どもの言葉の獲得における養育者の役割

(1) 言語獲得援助システム

　ブルーナー（Bruner, JS）は，言語を獲得するためには，養育者がもつ子どもの言葉の発達を助ける仕組み（**言語獲得援助システム；language acquisition support system（LASS）**）が必要であると考えた[15]。このような言語の獲得を援助するシステムは，子どもと母親とのやり取りにみることができる。母親から授乳される際に乳児がクーイングを発した時，母親は乳児の発声に続いて応答する。この時に母親は，大人と会話をするような方法とは異なる特徴的な応答の仕方を行い，子どもの言語理解を支える**足場**（scaffolds）を提供している。このような養育者の特徴的な応答は，**対乳児発話**あるいは**育児語**（baby-talk）と呼ばれている。

　表6-3のように，育児語には12種類の特徴があり，大きく2つの機能に分けられる。まず分析的機能は「Ⅰ．子どもが母親の発話を参考に，そこから構造について情報を得る」という機能があり，「④上昇音階」「⑤休止」などは文の境目を子どもに教える働きをする。また，社会的機能は「Ⅱ．子どもの注意を引きつけ，注意を保持する」という機能があり，「①高いピッチ」「②大きな周波数域」「④上昇音階」などがその働きをする。さらに，社会的機能には「Ⅲ．

表6-3　談話における育児語の特徴

子どもにとっての育児語の機能		育児語の言語的特徴
分析的機能	Ⅰ. 子どもが母親の発話を参考に、そこから構造についての情報を得る	①高いピッチが用いられる ②大きな周波数域が用いられる ③特異な「強調」が用いられる ④疑問文が多く、疑問文以外でも上昇音階で終わる文が多い
社会的機能	Ⅱ. 子どもの注意を引きつけ、注意を保持する	⑤1つ1つの文の境界に休止が置かれる ⑥ゆっくり話す ⑦ある語が長く伸ばされる
	Ⅲ. やりとりの順番（turn-taking）の手がかりを与え、子どもとの会話を効果的に進める	⑧長い文は分割され、それぞれにイントネーションがつけられる ⑨限られた語彙を用いる（名詞・現在形など） ⑩簡単な文を用いる ⑪決まった文型が用いられる ⑫繰り返しや言い換えが多く、文が長くなる（冗長である）

［神土陽子（2003）子どもの心の理解とことばの発達．小山正編：ことばが育つ条件—言語獲得期にある子ども発達，第5章，pp.86-99，培風館　より作成］

やりとりの順番の手がかりを与え、子どもとの会話を効果的に進める」という機能があり、「④疑問文・上昇音階」などによって、会話の反応する順番の手がかりを教えている[16]。このような育児語はさまざまな国や文化で使用されており、子どもはこれらの「言語獲得援助システム」に助けられることで、言語発達の初期から自分の所属する言語文化に参加できるようになる。

一方、養育者が子どもに対して使用する言葉には、「バブバブ」「ワンワン」といったような、子どもの発する音声の特徴をもっている語（**幼児語**）もある。この幼児語は、衣食住、子どもの動作、挨拶といった日常の事柄に関する語彙が多いが、それらの幼児語を子ども自身が実際に使用している割合は高くない。また幼児語は、日本では全国共通のもの（ワンワン）や地域特有のもの、家庭特有のものがみられるが、フランスではあまり使用されることはないなど、文化差がみられる。

これらのことから、育児語が会話の形式・タイミングなどの語の使用（語用）や、文の構造などの文法（統語）を獲得させる機能をもつのに対し、幼児語は言葉を使うことの楽しさを子どもに伝えるといった、子どもに言葉への興味を促す機能があると考えられる[17]。

（2）会話場面における足場の提供

　会話場面においても，足場の提供が行われている。例えば，就学前の子ども（5歳児）は，夕食時の会話場面で母親と就学している年上のきょうだいの会話に参加するようになり，年上のきょうだいが使う言葉の意味について質問したり，年上のきょうだいが話す学校生活の様子について質問したりするようになる。この時，母親は就学前のきょうだいの発話を褒めたり，発言をわかりやすく代弁したりすることで，就学前の子どもの会話への参加を促す。また，年上のきょうだいは，年下のきょうだいに学校生活を通して得られた知識をわかりやすく説明する。

　このように，就学前の子どもは養育者や年上のきょうだいから足場を提供されつつ会話に参加することで，会話を楽しんだり，就学に必要な知識を習得したりすることができる。さらに就学期になると，就学しているきょうだいと学校生活に関する知識を共有することで，よりスムーズに会話に参加することができるようになっていく[18]。

　以上のことから，言葉の発達を考える時には，言葉そのものの発達だけではなく，それを支える養育者の存在や，保育所や幼稚園等での他児とのやり取りの経験によって獲得される知覚・認知・身体運動といった，その他の領域の能力が重要である。

■引用文献

1) 坂原明（2003）志向・言語―考えるこころ，考えを伝えるこころの発達―．平山諭・保野孝弘編：発達心理学の基礎と臨床② 脳科学からみた機能の発達，第6章，pp.112-126，ミネルヴァ書房．
2) 小椋たみ子（2015）ことばの発達の準備期（前言語期）．小椋たみ子・小山正・水野久美：乳幼児期のことばの発達とその遅れ―保育・発達を学ぶ人のための基礎知識―，第2章，pp.15-40，ミネルヴァ書房．
3) 大藪泰（2013）赤ちゃんの心理学．pp.135-147，日本評論社．
4) やまだようこ（2017）前言語期のコミュニケーション．秦野悦子・高橋登編：講座・臨床発達心理学⑤ 言語発達とその支援，第4章，pp.63-89，ミネルヴァ書房．

5) Piaget, J (1948) La Naissance de L'intelligence Chez L'enfant 2nd edition（ピアジェ，J，谷村覚・浜田寿美男訳（1978）知能の誕生．ミネルヴァ書房）．
6) 浜田寿美男（1995）意味から言葉へ―物語の生まれるまえに．pp.190-212，ミネルヴァ書房．
7) 小泉嘉子（2011）言語の発達．本郷一夫編：シードブック 保育の心理学Ⅰ・Ⅱ，第9章，pp.83-92，建帛社．
8) 村田孝次（1973）言語発達．藤永保編：児童心理学，第7章，pp.277-328，有斐閣．
9) 綿巻徹（2001）発話構造の発達．秦野悦子編：ことばの発達入門，第4章，pp.82-113，大修館書店．
10) 小山正（2000）子どもの発達とことばの獲得．小山正編：ことばが育つ条件―言語獲得期にある子ども発達，第1章，pp.1-15，培風館．
11) Выготский, Л. С.（1956）Избранные Психоиогические Исследования（ヴィゴツキー，LS，柴田義松訳（2001）新訳版・思考と言語，pp.28-96, 354-434，新読書社）．
12) 神土陽子（2003）子どもの心の理解とことばの発達．小山正編：ことばが育つ条件―言語獲得期にある子ども発達，第5章，pp.86-99，培風館．
13) 岡本夏木（2005）第31回 日本コミュニケーション障害学会学術講演会 特別講演3 話しことばと書きことば．コミュニケーション障害学，22（3），195-198．
14) 島村直己・三神廣子（1994）幼児のひらがなの習得．教育心理学研究，42（1），70-76．
15) Bruner, JS（1983）Children's Talk：Learning to use Language. Oxford University Press.（ブルーナー，JS，寺田晃・本郷一夫訳（1988）乳幼児の話しことば―コミュニケーションの学習―，新曜社）．
16) 本郷一夫（1980）言語獲得における母親の談話の役割．東北心理学研究，4，27-32．
17) 村田孝次（1968）幼児の言語発達，pp.190-196，培風館．
18) 岩田美保（2009）ある5歳男児の就学期にかけての家族間コミュニケーション：母・兄姉間会話への参入過程に着目した夕食時の会話の縦断的検討．発達心理学研究，20（3），264-277．

第7章
感情の発達

1. 感情とその機能

(1) 感情とは

　感情とは，快・不快，怒り，恐れ，喜び，悲しみなど，自分や他者がその内面で経験している気持ちのことをいう（主観的側面）。しかし，私たちが主観的に心の動きを感じとっている時には，背筋が寒くなる，心拍数が上がるなどの身体状態の変化（生理的側面）や，顔の表情や声のトーンが変わるなどの行動の変化（表出的側面）を伴うため，主観的側面・生理的側面・表出的側面の3つの側面をすべて含めて「感情」と定義されることもある。

　感情と同じように用いられる言葉に，「情動」や「気分」「情緒」がある。情動とは，感情の中でも，怒り，恐れ，喜び，悲しみ，驚きのように，比較的急激で一時的なものを指すが，感情と厳密に区別されていない場合も多い。気分は，例えば「なんとなく憂鬱」「イライラして落ち着かない」といった，一時的だが程度はそれほど強くなく，比較的長時間にわたって持続する感情状態を表すとされている。情緒は，情動とほぼ同義に用いられている。ここでは，情動と感情を厳密に区別せずに使用する。

(2) 感情の機能

　感情には，2つの機能がある。

　1つは，**生物学的機能**である。感情は，かつては理性的な判断や行動を妨げるものであり，抑制されるべき衝動のようなものと考えられていた。しかし現在では，感情は生存のために機能しているととらえられるようになっている。

例えば、山中でクマに遭遇した際には強い恐怖を感じるからこそ逃げる（その場における最適な行為を選択する）というように、外からの刺激に対して素早い対処を行うことができる。このような、人が生きるために果たしている感情の機能は、感情の生物学的機能といわれる。

もう1つは、**社会的機能**である。例えば、乳児は飢えや痛みなど不快な出来事に対し、生起した感情を「泣く」という行動で表すことによって、母親の注意を引き、世話を受けることができる。このような乳児の行動は、感情の生物学的機能に加え、乳児と養育者の間の関係を築き、コミュニケーションを生み出していると考えることもできる。乳児に限らず、感情は、表情などによる表出行動により、自分の状態を知らせたり、他者の感情を感知したりするなど、豊かなコミュニケーションを作り出すのに重要な役割を果たしている。このような、特に対人関係における感情の機能は、感情の社会的機能と呼ばれる。

(3) 社会情動的発達

感情の発達は社会や他者と密接にかかわっており、また、社会性や対人関係の発達には感情の動きが伴う。したがって、近年、社会性の発達と感情（情動）の発達の両者を合わせた、**社会情動的発達**という言葉が用いられている。2018（平成30）年に改定された保育所保育指針解説においても、「乳幼児期における自尊心や自己制御、忍耐力といった主に社会情動的側面における育ち」の重要性が強調されている。このような社会情動的側面の育ちは、**社会情動的スキル**や**非認知能力**という言葉で表されることもある。これらは**認知的スキル**とは異なり、IQ（知能指数）やテストの点数、学力では測ることができない力とされている。

近年、保育の現場において、知的に遅れはないが「感情や行動をうまくコントロールできない」「他児とのトラブルが多い」などの特徴をもつ子どもの存在が注目されるようになり、こうした子どもたちについての理解を深め、どのように支援していくことができるのかが重要な課題の1つになってきている[1]。このような問題行動については、感情の発達におけるひずみが重要な因子の1つであるととらえられている。したがって、保育者は、比較的とらえやすいとされる認知的スキルの育ちに目を向けるだけでなく、例えば、「相手の表情か

ら感情を理解・推測できているかどうか」「自分の感情を言葉で表すことができているかどうか」「適切な感情の表出ができているかどうか」など，感情の発達を含む社会情動的スキルの育ちについての知識と見通しをもち，子どもの問題行動をさまざまな側面からとらえていく必要がある。

2. 感情の成立と分化

(1) 感情の分化

　乳幼児の感情について，初めて科学的考察を行ったのは，ダーウィン（Darwin, C）である。ダーウィンは，乳幼児や動物の感情表出，特に表情を詳細に調べた。ブリッジス（Bridges, KM）は，生まれて間もない乳児の情動反応は未分化（興奮状態）で，最初に快・不快と漠然とした興奮状態が見出され，その後発達とともに徐々に分化し，種々の感情が構成されると考えた（図7-1）[2]。一方，ワトソン（Watson, JB）は，子どもに対してさまざまな刺激を与えて反応を観察し，生後間もなくから生得的に存在する基本的な情動反応は，愛，怒り，恐れの3つであると述べている。

　感情の分化や発達に関するブリッジスとワトソンの見解の違いは，背景にある考え方や，実際に子どもを観察して感情の生起をとらえる際の方法の違いなどによると考えられている。

(2) 基本的感情と社会的感情

　感情は，生得的に備わっている**基本的感情（一次的情動）**と，後天的な側面が強く，より複雑な**社会的感情（二次的情動）**に分類される。エクマン（Ekman, P）は，世界中の多様な分化に普遍的な表情表出があるとし，喜び，恐れ，嫌悪，怒り，悲しみ，驚きの6つを基本的感情として分類した[3]。また，ルイス（Lewis, M）は，自己意識や自己評価など認知の発達に伴い，1歳後半から3歳頃までに発達する，てれ，羨望，共感，とまどい，誇り，恥，罪悪感などを**自己意識的情動（二次的情動）**として分類し，認知発達に伴う感情の分化について図7-2のように示した[4]。

第7章 感情の発達

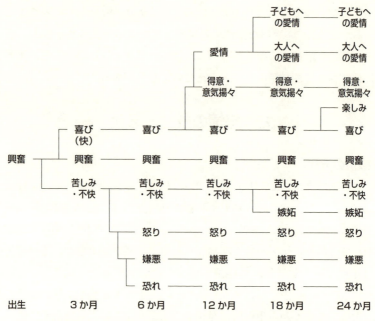

図7-1 ブリッジスによる出生からの感情の分化
[Bridges, KM (1932) Emotional development in early infancy. *Child Development*, 3, 340 (Fig. 1)]

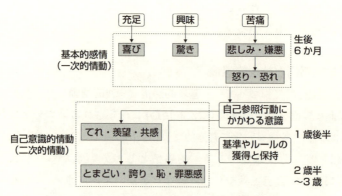

図7-2 ルイスによる生後3年間の感情の分化
[Lewis, M (2016) The emergence of human emotions. *In* Barrett, LF, Lewis, M & Haviland-Jones, JM (Ed): Handbook of Emotions (4th ed.), p.289 (Fig. 15.4), Guilford Press より作成]

(3) 認知の発達と感情の発達との関係

認知の発達と感情の発達との関係については，これまでさまざまな議論が交わされてきた。

ダマシオ（Damasio, AR）は，喜びや怒りなどの一次的情動は生得的で，認知の過程を経ずに感覚的に働くと述べた[5]。このように，身体の内的状態や感覚（感情の生理的側面）により，身体そのものが情動を感じているととらえる考え方を**ソマティック・マーカー仮説**という。

しかし一方では，ハイハイや歩行など，移動運動能力の発達による行動範囲の広がりの中，いろいろな未知の経験をすることで認知が発達し，その結果，より多くの感情を経験し，表出するようになると考えることもできる。この場合は，移動運動能力の発達に伴う認知能力の発達により，一次的情動を含む感情の発達も促されていると考えられる。恥や誇りなどの二次的情動に関しては，人は認知による想像を用いて感情的なイメージが想起するとし，認知の発達に伴い感情が発達するととらえられている。

感情が記憶や判断・評価に影響を及ぼすことも知られている。例えば，記憶の想起については，感情を強く感じた出来事から優先して思い出されるということがある。また，同じ出来事であっても，それに対する判断や評価がその時の感情によって大きな影響を受けるということもある。したがって，感情の発達も認知の発達に影響を及ぼすと考えられる。

3. 感情調整と表出

(1) 感情調整

私たちは，日々の生活の中で多くの感情を経験し，表出をすることで，他者とのコミュニケーションを行っている。しかし，例えば，「強い怒りを感じていても冷静に振る舞う」「あまりうれしい気持ちではないが笑う」など，表出される感情は必ずしも実際に生起している感情と一致しているとは限らない。

このように，社会の中で，状況に合わせて自分や他者の感情にうまく対処するために心身を調整したり，他者との関係を調整したりすることを**感情調整**という。

(2) 感情調整の発達

　乳児期の子どもは感情調整を他者に依存しており，泣いている乳児に声をかけたり，抱き上げたりして感情調整をするのは養育者である。2歳頃になると，徐々に子ども自身が感情調整をすることができるようになる。養育者から援助を引き出すための「嘘泣き」を多くするようになるのもこの頃である。

　3・4歳頃には，泣いたり，かんしゃくを起こしたりするなどネガティブな感情の表出が減少する。例えば，子どもが期待外れのプレゼントをもらう場面において，プレゼントの贈り主がいる状況では，3・4歳児でもネガティブな感情表出を抑制することが示されている[6]。

　しかし，このような感情調整は，社会的に望ましいとされている行動や，文化的な慣習に基づいた自動的・無意図的な調整であり，必ずしも状況や他者の感情を理解して意図的に行っているわけではない。エクマンは，このような，特定の感情を特定の場面で人前では表出しないという，社会や文化の中での規則に従った感情調整を**表示規則**と呼んだ[3]。例えば，日本においては，人と人との和を大切にすることに価値をおく文化があるため，特に理由がない場合でも笑顔を作ったり，個人的な喜び，悲しみ，怒りなどを抑制したりするなどの行動がよくみられる。

　5・6歳頃になると，状況や他者の感情などを理解した上で，なぜ感情調整をするかという理由づけができるようになり，意図的に感情調整ができるようになってくる。しかし，保育園児の日常の行動観察を行った鈴木は，年長児では，感情調整が当たり前にできるようになるにつれて，「表面上（行動上）落ち着いて見える子ども」が，「感情調整をした上で落ち着いている」のか，そもそも感情が生起していない「普通の状態」であるのかを，観察により見分けることが難しくなってくるとしている[7]。このことから，保育者は，子どもを表面的な行動だけではなく，周囲の状況や子ども自身の思い・気持ちまで含めて子どもの感情の発達をとらえていくことが重要である。

(3) 感情の表出

　エクマンは，感情が表出される回路には，4つの聴覚回路（言葉，声の調子，スピード，小休止の長さ）と，4つの視覚回路（顔の表情，顔の傾き具合，姿勢，

手足の動き)があるとしている[3]。このうち，特に顔の表情には，素早い感情が表されることが知られており，感情の生起や表出との関連について多くの研究がなされてきた。

また，表情による表出の持続時間によって，**微表情**と**巨視表情**に分類される。微表情の表出時間は1秒の何分の1であり，数秒持続する巨視表情と比べて見逃されやすい。微表情は瞬間的な顔の動きであるため，子どもの表情のわずかな変化を見逃さずに観察する必要がある。

4. 他者の感情理解

(1) 感情理解の発達

感情調整をするためには，感情についての理解が必要である。子どもの感情に対する概念の理解について，プルチック（Plutchik, R）は，2歳ないし2歳半頃から，他者の表情から感情を正しく推測できるようになり始めると述べている[8]。また，4・5歳までに，ほとんどの子どもが幸福・悲しみ・怒り・驚き・恐れの表情を区別することができるようになるといわれている。

さらに，朝生は，他者の感情を推測する能力の発達について検討し，「カブトムシをもらえる」という状況に関する情報と，「カブトムシを好きか嫌いか」という子どもの特性に関する情報を与えた場合に，4・5歳では他者の特性は考慮に入れず状況情報のみを利用するが，6歳児では状況情報と他者の特性に関する情報を利用して，他者の感情を推測することができるようになると報告している[9]。

以上のような感情理解の発達の過程を表7-1に示した。子どもは年齢を重ねるとともに，さまざまな情報を取り入れて，他者の情動を理解できるように

表7-1 感情理解の発達

2歳～2.5歳	他者の表情から感情の推測を始める
～4歳	幸福・悲しみ・怒り・驚き・恐れの表情の区別
4歳～5歳	状況情報を取り入れた他者の感情の理解
6歳～	他者の特性情報を取り入れた他者の感情の理解

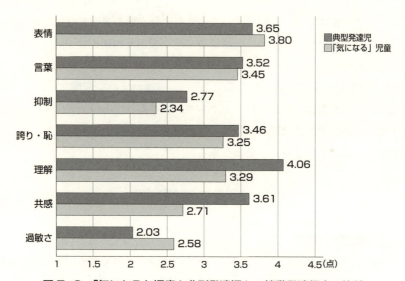

図7-3　「気になる」児童と典型発達児との情動発達得点の比較
［本郷一夫，他（2017）児童期の情動発達とその特異性に関する研究1：「気になる」児童の情動発達の特徴．日本教育心理学会第59回総会発表論文集，p.274］

なる。逆に3歳頃までは，そのような情報を取り入れることができないために，他者の感情が理解できず，衝突や葛藤を引き起こすことが多い。

　小学校における「気になる」児童の情動発達の特徴について調査した本郷らは，「気になる」児童は，他の児童よりも情動理解に関する得点が低くなったことを報告しており，感情理解の重要性を示している（図7-3）[10]。子どもは，自分が感情を「表出した、調整した」ことによって引き起こされた結果を通し，人と人との関係において必要な知識を獲得し，年齢を重ねるとともにさまざまな情報を取り入れて他者の感情を理解できるようになっていくと考えられる。そのため，衝突・葛藤場面において，保育者は「その場を収める」だけでなく，その経験が子どもの感情理解の発達にどのような意味をもつかということを考えながら援助していかなければならないであろう。

(2) 感情理解と言語理解

　子どもの感情理解をとらえようとする際には，簡単な話を，紙芝居のように

イラストを見せながら聞かせ，主人公の気持ちや感情を回答してもらうといった課題を用いることが多い。しかし，話を聞くという部分での子どもの**言語理解力**，回答をする部分での子どもの**言語表現力**が，課題の得点に影響してしまう可能性があり，その場合，感情の発達を正確にとらえることができなくなる。例えば，言語理解力に関して，山本は，同じ内容の課題について，口頭での説明の長さや言語的な難しさを変えた2種類の課題を作成し，課題による得点の違いを調べた[11]。その結果，課題の言語的難しさの違いによって，子どもの回答に影響が出ることが示された。また，言語表現力に関して，子どもの感情表現に関する調査を行った本郷らは，5歳児でも感情が生起する背景や理由について，自分の言葉で述べることは難しいということを示した[12]。

したがって，子どもが感情について理解しているかどうかをとらえるためには，子どもの言語理解力・言語表現力を考慮する必要がある。例えば，子ども同士のいざこざに介入する時，保育者は端的でわかりやすい言葉を用いること，そして，子どもの言葉だけでなく，声のトーンや表情，前後の文脈などからも子どもの思いを理解しようとする姿勢が必要となる。

5. 共 感 性

(1) 共感性の2つの側面

共感性とは，他者の感情や状況を認知・理解して，同様の感情を共有することである。共感性の発達には，「自分と他者の感情の区別」や「自分と他者の感情が異なることの理解」など，他者の感情理解の発達が深くかかわっている。つまり，共感性には，例えば「かわいそう」と感じるなどの**感情的側面**だけでなく，他者の感情や状況を理解する**認知的側面**も含まれる。

共感性の認知的側面の発達にかかわるものとしては，表7-1に示した感情理解の発達があげられる。また，自分と他者の考えは別々のものであると理解・区別する**心の理論**や，自分とは別の場所にいる他者の視点を理解する**他者視点取得能力**の発達（図7-4）と関連することが知られている[13]。

共感の感情的側面の発達にかかわるものとしては，他者の感情への感受性や感情移入のしやすさがあげられる。これらは，気質や性格特性とかかわってお

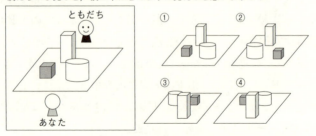

図7-4 他者視点取得課題の例
[本郷一夫, 他 (2019) 児童期の情動理解の発達に関する研究1:学年による差の検討. 日本発達心理学会第30回大会発表論文集]

り，生得的な心の機能や，特定の親しい人との関係（**愛着関係**の形成），社会環境との相互作用による影響を受け，変容していく。特に，愛着関係の形成は，他者の感情理解能力，共感性，感情調整能力の発達において非常に重要であり，安定した親子関係と感情の発達との関連はこれまで多くの研究により示されている。

(2) 共感性の発達
1) 愛着との関連

愛着（アタッチメント）とは，特定の人物に対して形成される強い情緒的きずなのことである。愛着形成は子どもの発達に重要な役割を果たすことが知られており，このことを最初に主張したのはボウルビィ（Bowlby, J）である。

生後数か月頃までの乳児は，見知らぬ大人に抱かれても特別な反応は示さないが，生後6・7か月頃になると，子どもは母親や親しい人に対して，他の人に対するものとは異なる反応をするようになる。例えば，母親が部屋を出て行くと泣いたり，後追いをしたりするようになり，また，**8か月不安**と呼ばれる人見知りもみられるようになる。このような，子どもが示す**分離不安**は，愛着関係が成立していることの現れである。逆に，愛着関係を形成している人がそばにいることによって，子どもはその人を**安全基地**として，外の世界を積極的に探索し，さまざまな知識や能力を獲得していく。このような安定した愛着関

係においては，子どもの苦痛に対する養育者の敏感な共感的応答により，子どもは他者の感情表出への敏感さや共感的に応答する能力を身に付けていくとされている。

一般的に，愛着には以下の4つのタイプがあることが知られている。エインズワース（Ainsworth, M）は，愛着のタイプを知るために，**ストレンジ・シチュエーション法**（strange situation procedure : SSP）を開発し，母親との分離・再会場面を設定する中で子どもが母親（養育者）に対してどのような行動をするかによって愛着のタイプを以下のように分類した。

①**安定型**（養育者との分離場面では泣き，再会時には養育者に身体接触を求める）

②**回避型**（分離場面で泣いたり混乱したりすることがなく，再会時には養育者を避けようとする）

③**両価型**または**アンビヴァレント型**（分離場面では非常に強い不安や混乱を示し，再会時には養育者を求める一方で養育者を激しくたたいたりする）

④**無秩序・無方向型**（顔をそむけながら養育者に近づくなど，不自然でぎこちない動きを示す）

④は，最近加えられたタイプである。安定型は敏感性の高い養育者，回避型は拒絶的な養育者，両価型は一貫性を欠いた養育者のもとで生じる可能性が高いといわれている。しかし，「養育者と愛着が形成されている」という点では，どのタイプでも同じであり，必ずしも安定型でなければならないわけではないという見方もある。

一方で，愛着行動がほとんどみられなかったり，見知らぬ人に対しても構わず愛着行動をしたりするなど，特異的な行動を示す子どももいる。このような行動特徴は，愛着そのものが形成されていない**アタッチメント障害（愛着障害）**としてとらえられており，特に，幼少時から劣悪な環境で育った子どもに多くみられる。しかし，劣悪な施設環境におかれた子どもであっても，里親等による早期介入により，特定の大人との愛着形成が進み，ポジティブな感情の表出など，感情の発達が大幅に改善されることが明らかになっている[14]。愛着は，必ずしも母親とのみ形成されるものではない。その点で，多くの時間を子どもとともに過ごす保育者は，愛着対象として，子どもの感情の発達において非常

に重要な役割を果たし得る存在であるといえるだろう。

2) メンタライゼーションとの関連

メンタライゼーションとは，比較的新しい心理学の概念であり，「自分や他者の行動の原因となる心の状態を理解する能力，読み取る能力」を指す。すなわち，子どもは自他の「内的な状態」と，対人関係の中で実際に行動として表出される「外的な現実」のそれぞれを理解し，両者を結びつけながら，共感する力や感情を調整する力を発達させていく。フォナギー（Fonagy, P）は，虐待など不適切な養育を受けた子どもは，恐怖と向き合うことや養育者の悪意を読み取ることを避けてしまい，自他の「内的な状態（自分の恐怖，養育者の悪意）」と「外的な現実（虐待行為）」が結び付かず，メンタライゼーションの発達が阻害されるとしている[15]。

虐待を受けた子どもは，発達障害をもつ子どもと似た行動特徴を示すことがある。しかし，同じ行動特徴であっても，それぞれの背景によって支援の仕方は大きく異なる。したがって，保育者が子どもの感情の発達を理解・支援していく際には，メンタライゼーションという視点をもち，自他の感情の理解，自他の行動の理解，さらにはそれらの結び付きなど，子どものおかれている状況や問題行動の背景をとらえ，適切な支援を行っていく必要がある。

■引用文献

1) 本郷一夫・澤江幸則・鈴木智子・小泉嘉子・飯島典子（2003）保育所における「気になる」子どもの行動特徴と保育者の対応に関する調査．発達障害研究，**25**，50-61．
2) Bridges, KM (1932) Emotional development in early infancy. *Child Development*, **3**, 324-341.
3) Ekman, P & Friesen, VW (1975) Unmasking The Face, Englewood.
4) Lewis, M (2016) The emergence of human emotions. *In* Barrett, LF, Lewis, M & Haviland-Jones, JM (Ed): Handbook of Emotions (4th ed.), pp.272-292, Guilford Press.
5) Damasio, AR (2003) Looking for Spinoza: Joy, Sorrow and Feeling Brain, Harcourt Brace.

6) Cole, PM (1986) Children's spontaneous control of facial expression. *Child Development*, **57** (6), 1309-1321.
7) 鈴木亜由美 (2006) 幼児の日常場面に見られる自己調整機能の発達：エピソードからの考察．京都大学大学院教育学研究科紀要，**52**，373-385.
8) Plutchik, R (2002) Emotions and Life: Perspectives from Psychology, Biology, and Evolution, American Psychological Association.
9) 朝生あけみ (1987) 幼児期における他者感情の推測能力の発達：利用情報の変化．教育心理学研究，**35**，33-40.
10) 本郷一夫・飯島典子・平川久美子・高橋千枝・相澤雅文 (2017) 児童期の情動発達とその特異性に関する研究1：「気になる」児童の情動発達の特徴．日本教育心理学会第59回総会発表論文集，p.274.
11) 山本信 (2018) 幼児期における情動理解に関する検討：課題の「言語的難しさ」が回答に与える影響に着目して．日本教育心理学会第60回総会発表論文集，p.430.
12) 本郷一夫・大渕守正・松本恵美・山本信・小玉純子 (2017) 幼児の情動理解と情動表現の発達に関する研究：情動の言語表現に着目して．東北大学大学院教育学研究科研究年報，**66** (1)，117-131.
13) 本郷一夫・山本信・工藤渓 (2019) 児童期の情動理解の発達に関する研究1：学年による差の検討．日本発達心理学会第30回大会発表論文集．
14) Nelson, CA, Fox, NA & Zeanah, CH (2014) Romania's Abandoned Children: Deprivation, Brain Development, and the Struggle for Recovery, Harvard University Press.
15) Fonagy, P & Target, M (2003) Psychoanalytic Theories: Perspectives from Developmental Psychopathology, Whurr Publishers（フォナギー，P & タルジェ，M，馬場禮子・青木紀久代監訳 (2013) 発達精神病理学からみた精神分析理論，岩崎学術出版社）．

第8章
社会性の発達

1. 社会性の発達とは

　「社会性」という用語を辞書で調べると「社会生活を重視する性格」「社会生活を営む素質・能力」などと書かれているが，実際にはいろいろな意味合いをもって使用されており，必ずしも明確に定義されてはいない。例えば，社会性の発達を，子どもが社会の中で他者との関係を広げていくことを通して，社会的なものの見方や行動の仕方を身に付け，社会の中で自ら生きる力を育てていくというような成長や変化を総称するものであるとする考え方がある[1]。つまり，社会性の発達においては，社会におけるさまざまな規範を獲得し，そのような規範に基づいて行動しようとする意識（**規範意識**）をもつことが重要となる。

　また，社会性の発達を「社会的個の確立への過程」ととらえる考え方もある。井上によると，児童期中期頃になると，子どもは自分の判断や行動のよりどころを，親や教師などの大人から仲間・友人へと移していき，仲間集団への同調が強まる[2]。そのような仲間への同調は，自分の判断を伴わない場合には仲間からの逸脱を恐れた単なる追従であり，それは望ましい行動への同調であったとしても真の社会性とはいいがたい。仲間への同調が「社会的」であるためには，仲間に同調することに対する自己の判断（自己の発達）が伴っている必要がある。したがって，社会性は自己の発達によって支えられているという視点から，社会性の発達をとらえることも重要である。

2. 自己の発達

(1) 自己の主体的な側面と客体的な側面

　ジェームズ（James, W）は,「I（主我）」と「me（客我）」という2つの側面から自己をとらえており，Iは自己の**主体的な側面**，meは自己の**客体的な側面**であるとしている[3]。

　ナイサー（Neisser, U）は，生態学的自己，対人的自己，概念的自己，時間的に拡張された自己，私的自己という5つの自己を仮定している[4]。このうち，生物学的自己と対人的自己は，物理的環境や社会的環境の中で直接知覚される発動主体としての自己の感覚であり，発達早期から出現すると仮定されている。例えば，自分の足を触った時には，足を触っている感覚と同時に足を触られている感覚があるが，他者に足を触られた時には，足を触られている感覚しかない。このような自分の能動的感覚と受動的感覚，他者によって引き起こされる受動的感覚を繰り返し経験することで，「この手は自分のものである」「この手を動かしているのは自分である」という行動の発動主体としての自己の感覚をもつようになっていく[5]。一方，概念的自己，時間的に拡張された自己，私的自己は，ジェームズの客我に相当するものであり，このような自己の客体的側面は，記憶や認知，言語などの発達に伴って出現する。

(2) 客観的自己の発達

　子どもが自分を客観的にどのように理解しているかについては，**マークテスト**（または**ルージュ課題**）を用いて多くの研究が行われてきた。この課題では，子どもに気付かれないように子どもの鼻に口紅を塗っておき，子どもが鏡を見た時の子どもの反応を調べる。この時，子どもが鏡ではなく自分の鼻に付けられた口紅を触ることができれば，鏡に映った自分の姿を自分であると認知している（鏡像自己認知）と考えられる。このような自己認知ができるようになるのは生後2年目の終わり頃である[6]が，こうした視覚的な自己認知をはじめとして，子どもは自己認識を広げていく。

　4歳頃になると，ビデオに映った過去の自己の映像と現在の自己を結び付け

て自己を認知することが可能になる[7]。つまり，時間的に拡張された自己[4]の理解は，4歳頃に可能になるということである。

(3) 概念的自己の発達

客観的自己の理解が可能になり，言語も発達してくると，子どもは自分の経験について語ったり，自分について言葉で表現したりするようになる。このような経験から，子どもは少しずつ自分についての理解を深めていく。

デーモンとハート（Damon, W & Hart, D）は，自己のさまざまな側面に関する複数の質問項目を用いて子どもにインタビューを行い，幼児期から青年期の自己理解の発達を明らかにしようとした[8]。このうち客観的自己については，身体的自己，行動的自己，社会的自己，心理的自己の4つのカテゴリーに分類し，それぞれのカテゴリー内で発達的変化が生じると考えた（図8-1）。

佐久間らは，このデーモンとハートの自己理解モデルに基づいて，幼児期・児童期における自己理解の発達的変化を検討した[9]。その結果，幼児期から児童期にかけて，子どもは「顔」「持ち物」など他者から見てもわかるような具体的な特徴からだけでなく，「サッカーをする」「助ける」などの行動特徴や，

発達レベル		共通の組織化の原理	身体的自己	行動的自己	社会的自己	心理的自己
青年期後期		体系的信念と計画	がんばりのきく丈夫な身体	信仰のため教会に行く	生き方としてボランティア	世界平和を目指す
青年期前期		対人的意味付け	強いので頼られる	遊びが好きで人に好かれる	人に親切	判断力があって頼りになる
児童期中・後期		比較による自己査定	人より背が高い	ほかの子より絵が上手	先生にほめられる	人より頭が悪い
児童期前期		範疇的自己規定	青い目をしている	野球をする	妹がいる	ときどき悲しくなる

客体としての自己

図8-1 デーモンとハートの自己理解モデル（客観的自己の部分）

［佐久間（保崎）路子，他（2000）幼児期・児童期における自己理解の発達：内容的側面と評価的側面に着目して．発達心理学研究，11，176-187 より作成］

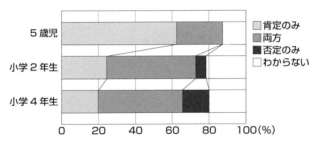

図8-2 自分の好きなところ・嫌いなところについての質問への回答

[佐久間（保崎）路子，他（2000）幼児期・児童期における自己理解の発達：内容的側面と評価的側面に着目して．発達心理学研究，11，176-187 より作成]

「やさしい」「元気」などの心理的な特性からも自己をとらえるようになっていくことが示されている。

また，年齢が上がるのに伴い，自己の肯定的側面（好きなところ・いいところ）のみを描出する子どもは減少し，否定的側面（嫌いなところ・悪いところ）を描出する子どもが増加することも明らかになった（図8-2）。児童期中・後期は「比較による自己査定」の水準であり，この頃になると子どもは他者との比較を通して自己をとらえるようになる。そのため，ある側面は他者よりもできるが別の側面は他者よりもできないというように，自己を肯定・否定の両面から評価するようになっていく。

(4) 自己制御の発達

日常生活において，私たちは自分の情動や行動を，その場に適切な質や量へと調整することが求められる。これは**自己制御**（self-regulation）と呼ばれ，**自己主張**と**自己抑制**という2つの側面から構成されると考えられている[10]。自己主張とは，自分の欲求や意志を明確にもち，これを他者や集団の前で表現して主張することができるという側面である。自己抑制とは，自分の欲求や行動を抑制・制止しなければならない時にそれを抑制することができるという側面である。

図8-3のように，自己主張は3～4歳頃までに大きな伸びがみられるものの，

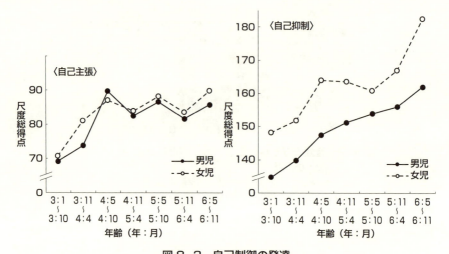

図 8-3　自己制御の発達
[柏木惠子（1988）幼児期における「自己」の発達，東京大学出版会　より作成]

4歳半頃で頭打ちになる。それに対して，自己抑制は3歳から6歳にかけて一貫してなだらかに増加する。また，物の取り合い場面において「順番に使う」など相手の欲求も考慮しながら自己を主張するような方略が5歳児において増加することも明らかになっている[11]。このように，幼児期には自己主張，自己抑制という両側面が量的にも質的にも顕著に発達する。

3. 向社会的行動の発達

（1）向社会的行動と愛他的行動

　保育所や幼稚園等で，他児が泣いていたり，困っていたりすると，近づいていって「どうしたの？」と理由を尋ねたり，慰めたり，先生を呼びにいったりするような子どもの姿に出会うことがある。このように，他者あるいは他の集団を助けようとしたり，これらの人々のためになることをしようとしたりする自発的な行動を**向社会的行動**（prosocial behavior）という。向社会的行動の場合，その背景には愛他的な動機（例えば，他児がかわいそう）だけでなく，

利己的な動機（例えば，先生に褒められたい）も存在する。向社会的行動の中でも，とりわけ愛他的な動機に基づく行動は，**愛他的行動**（altruistic behavior）と呼ばれる。

(2) 向社会的行動の発達

　向社会的行動は，比較的低い年齢からみられる。例えば，荷物を抱えていて両手がふさがっている見知らぬ大人がキャビネットの扉を開けられずにいると，18か月児であっても扉を開けてあげるなど自発的に他者を助ける行動をする[12]。

　一般に，向社会的行動は年齢が上がるにつれて増加するが，この発達を支えるのは，**役割取得**（他者の感情や思考，視点，動機，意図を理解する能力）や**共感性**（他者の感情や他者のおかれた状況を認知し，それと一致した感情または類似した感情を経験すること）の発達である。他児が泣いているのを見て，他児がなぜ泣いているのか，他児が何を求めているのかを理解できたり，他児の苦痛を自分の苦痛のように感じたりすることができるようになると，他児を慰める，援助するなどの向社会的行動が増えると考えられる。

　しかしながら，子どもは常に，誰に対しても同様に向社会的行動をとるというわけではない。年齢が上がるにつれて，子どもは相手や状況によっては援助をしなくなるなど，向社会的行動を選択的にするようになっていく。トマセロ（Tomasello, M）によると，子どもは人生の早期から他者とのかかわりの中で，誰に親切にして誰に親切にすべきでないかを学習し始め，3歳頃には他者に援助的な人物をより頻繁に援助するようになる[13]。

4. 道徳性の発達

(1) 道徳的判断の発達

　道徳性の発達については，さまざまな立場から議論がなされてきた。道徳性の発達を，外界にある社会的な規範を学習する過程であるとする考え方もあれば，認知や言語の発達に支えられて，子どもが自分自身の視点から世界をとらえ，自分自身の枠組みに従って判断する中で道徳性を身に付けていくとする考

え方もある。

　道徳性の1つの側面に善悪判断がある。ピアジェ（Piaget, J）は，男の子がうっかりコップを15個割ってしまった話と，男の子がジャムをこっそり食べようとしてコップを1個割ってしまった話を子どもに提示し，どちらがより悪いかを判断させた[14]。その結果，7歳頃までは被害の大きさ（コップを15個割った）に着目して前者が悪いと判断したのに対して，それ以降の年齢では動機や意図（こっそり食べようとして）に着目して後者が悪いと判断した。このことからピアジェは，子どもの善悪判断は，結果論的判断から動機論的判断へと年齢とともに変化すると考えたのである。

　一方，コールバーグ（Kohlberg, L）は，道徳的な判断の内容ではなく，その判断を導いた理由付けを重視し，その発達に3つの水準を仮定した[15]。自己中心的な快・不快に基づいて判断する第1段階と自分の損得に基づいて判断する第2段階は「慣習以前の水準」と呼ばれる。他者からの期待に基づいたよい子志向の第3段階，社会秩序の維持に基づいて判断する第4段階は「慣習的な水準」とされる。そして，秩序そのものを重視するのではなく，法は合意によって変更できると考える第5段階，正義や良心，人間の尊厳などの普遍的な原理に従って判断する第6段階である「慣習を超えた水準」に達するとしている。

(2) 社会的規範の獲得

　道徳的な行動や判断をするためには，善悪を判断する規範，社会的なルール，公平性などさまざまな基準や規則を理解することが必要となる。子どもたちの生活の中にも，「いつ，どのように振る舞うべきか」「何をしてよくて，何をしてはいけないか」などたくさんのルールが存在する。

　保育所や幼稚園などでの一般的なルールの1つに「先行所有のルール」がある。これは，先に所持していた者に所有権があるというルールである。そのため，他児が使っているおもちゃを使いたい時には，「貸して」といって相手の許可を得ることが求められる。

　ある日，ある保育所の3歳児クラスで次の事例3のような場面に遭遇したことがある。

4. 道徳性の発達

〈事 例 3〉
　子どもがおもちゃで遊び始める前に，保育者が「お友だちのおもちゃを使いたい時には，『貸して』という」「『貸して』といわれたお友だちは，『いいよ』と言って貸してあげる」という約束を確認した。
　保育者がおもちゃを出すと，子どもたちは勢いよく好きなおもちゃを手にして遊び始めた。A君も好きなおもちゃを手にしたが，すぐにB君が「貸して」といってきた。するとA君は渋々おもちゃをB君に渡した。
　しかし，B君がおもちゃを手にすると，今度はC君がやってきて，B君に「貸して」と言った。B君はC君におもちゃを貸したくなかったため，保育室内を逃げるようにウロウロ歩いていたが，C君に何度も「貸して」といわれたこともあり，とうとうC君におもちゃを渡した。

　「お友だちから自分の使っているおもちゃを『貸して』と言われたら，『いいよ』と言って貸してあげる」というルールに従うことは，長い時間そのおもちゃを占有しているような場面では必要かもしれないが，この日のA君とB君のように好きなおもちゃを手にしただけで，そのおもちゃでほとんど遊んでいないような場面においても必要であるとはいいがたい。このように日常生活において存在するルールの中には，「人をたたいてはいけない」など良い・悪いが文脈によって左右されないようなルールもあれば，特定の文化や社会，文脈の中で良い・悪いが判断されるようなルールもある。

　社会的領域理論を提唱したチュリエル（Turiel, E）は，道徳的な行動や判断の基盤となる社会的認知は，道徳領域，社会的慣習領域，個人領域という3つの独立した思考領域から構成されるとした[16]。道徳領域は，盗みや暴力のようにその行為自体に善悪を規定する要素があるため，社会的文脈や他者の期待，規則とは無関係に良い・悪いが判断される。一方，社会的慣習領域は，その行為自体には善悪を規定する要素はなく，特定の社会や文化にある規則に従って良い・悪いが判断される。

　これらの異なる領域の規範の理解については，3歳から4・5歳にかけて道徳の違反（例えば，人に砂を投げる）や社会的慣習の違反（例えば，公園にゴミを散らかす）など社会的規範を明確に理解するようになり，道徳の違反と社会的慣習の違反に対して異なる理由付けを行うことが明らかになっている[17]。

5. 社会性の発達をとらえる方法

(1) 日本版 Vineland-Ⅱ適応行動尺度

「日本版 Vineland-Ⅱ適応行動尺度」は、標準化された適応行動の評価尺度である。この尺度は子どもに対して直接実施するものではなく、保護者や保育者など子どもの日常生活場面での行動をよく知る人が検査者の質問に回答する形で実施する。適用年齢は0歳から92歳と幅広く、対象者の適応行動を、「コミュニケーション領域」「日常生活スキル領域」「社会性領域」「運動スキル領域」という4つの領域から評価する。各領域には下位領域が設定されており、各下位領域には20〜54の質問項目がある。それらの項目は、領域ごとに発達の順序に並んでいる。

このうち「社会性領域」は、対人関係、遊びと余暇、コーピングスキルという3つの下位領域から構成されている。

(2) S-M 社会生活能力検査第3版

「S-M 社会生活能力検査第3版」も、子どもの日常生活場面での行動をよく知っている大人が回答する検査である。適用年齢は1歳から13歳までであり、子どもの社会生活能力を、「身辺自立」「移動」「作業」「コミュニケーション」「集団参加」「自己統制」の6領域から評価する。この検査には129の質問項目があり、それらが7つの年齢段階に分かれているため、子どもの該当する年齢段階から開始する。検査時間は15分程度と短時間で実施することができる。

「集団参加」の項目には、「ドッジボール、だるまさんが転んだなど簡単なルールの集団遊びに参加できる」「学級で決められた役割（当番・委員など）が自発的にできる」など集団でのルール遊びや当番活動などの集団活動への参加に関する項目に加えて、「さそわれれば、いっしょに遊べる（仲間のあとにくっついて遊ぶ）」「おもちゃなどを友達と順番に使ったり、貸し借りしたりできる」など子ども同士のかかわりに関する項目も含まれている。また「自己統制」の項目には、「『あとで』『あした』『また』などといわれたとき、待つことができる」など自己制御に関する項目が含まれている。

(3) 社会性発達チェックリスト (改訂版)

「社会性発達チェックリスト (改訂版)」は，保育者が保育所や幼稚園等の集団場面において子どもの社会性の発達状態をとらえるための方法として作成された。図8-4に示したように，このチェックリストには「集団活動」「子ども同士の関係」「言語」「認識」「感情」の5つの領域があり，各領域において1歳から5歳まで各2項目，計50項目から構成されている。主として2歳から6歳までの子どもに適用できる[18]。

「感情」の項目には，「いやなことをされても気持ちをおさえて『やめて』と言える」「かわいそうな話を聞くと悲しそうにする」など自己制御（情動制御）や共感に関する項目が含まれている。

(4) 検査やチェックリストの限界

ここでは子どもの社会性の発達をとらえる方法として3つを紹介したが，これらの方法で把握できる子どもの行動や発達は限られており，これらの方法を用いたからといって，子どもの社会性の発達を完全にとらえられるわけではない。また，これらの検査やチェックリストの項目の中には，普段子どもとかかわっている保護者や保育者でさえ，子どもができるかできないかを，すぐには答えられないような項目も含まれているため，日常生活場面で注意深く観察したり，意識的にかかわったりすることが必要になる。それによって，普段は見えにくい子どもの行動や発達に気付くなど，子どもの行動や発達をよりよく理解することが可能になる。

■引用文献

1) 久保ゆかり (2017) 社会性の発達. 近藤清美・尾崎康子編：講座・臨床発達心理学④　社会・情動発達とその支援，第4章，pp.60-75, ミネルヴァ書房.
2) 井上健治 (1997) 社会性とは何か—社会と個. 井上健治・久保ゆかり編：子どもの社会的発達, 第1章, pp.1-6, 東京大学出版会.
3) James, W (1890) The Principles of Psychology, Holt.
4) Neisser, U (1988) Five kinds of self-knowledge. *Philosophical Psychology*, **1**,

第8章 社会性の発達

対象児	性別	クラス	月齢	記入日	記入者
	男 女	歳児クラス	歳　か月	年　月　日	

【記入方法】
①子どもの年齢にかかわらず，すべての項目についてチェックしてください。
②「現在できるもの」および「過去にできていたもの」に○をつけてください。
③「できないもの」には×をつけてください。
④「わからないもの」については，マニュアルを参考に実際に確かめてください。

年齢	集団活動	子ども同士の関係	言語	認識	感情
1歳	朝の集まりなどで名前を呼ばれたら返事ができる	友だちのまねをする	1語文を話せる	目，鼻，口，耳がわかる	「怖い」がわかる
1歳	集団で簡単な手遊びができる	幼い子どもを見ると近づいていって触る	物の名前を3つ以上言える	絵本を見て知っているものを指せる	泣き，笑いの表情がわかる
2歳	役のつもりになってひとりでままごと遊びをする	友だちとけんかをすると言いつけにくる	2語文を話せる（「ママ　ミルク」など）	グルグルとらせん状に描いた円を真似て描ける	ほめるともっとほめられようとする
2歳	ロープなどがなくても列になって移動できる	自分や友だちが作ったものをお互いに見せ合う	「大きい」「小さい」の両方の言葉の意味がわかる	3つの数を復唱できる（5，2，4など）	怒り，喜び，驚き，悲しみの表情がわかる
3歳	他の子とかかわりながらごっこ遊びができる	ブランコなど自分から順番を待つ	「おなかがすいたらどうする？」という質問に正しく答えられる	「まえ」と「うしろ」がわかる	怒っているなど自分の感情を言葉で表せる
3歳	イスとりゲームなどの簡単なルール遊びができる	自発的に他児に謝ることができる	「強い」「弱い」の両方の言葉の意味がわかる	10個の中から3個とれる	いやなことをされても気持ちをおさえて「やめて」と言える
4歳	大人が終始見ていなくても，4～5人の子どもと協力して遊べる	幼い子どもの世話ができる	昨日のことの話ができる	正方形を真似て描ける	かわいそうな話を聞くと悲しそうにする
4歳	集中して15分程度先生の話を聞ける	友だちと相談したり，妥協したりしながら一緒に遊ぶ	3つぐらいの花の名前が言える	自分の体の左右がわかる	自分の失敗を見られないようにする
5歳	自分たちで作ったお話でごっこ遊びをする	ジャンケンで順番を決める	なぞなぞ遊びができる	5以下の足し算ができる（1＋2など）	鬼ごっこをしてわざとつかまりそうになってスリルを楽しむ
5歳	自分たちだけで集団でルール遊びができる	「しちならべ」などのトランプ遊びができる	金曜日の前の曜日が言える	硬貨を見てその名前が言える（1円，10円，50円，100円）	泣くのを人に見られないようにする

図8-4　社会性発達チェックリスト（改訂版）

［本郷一夫編（2018）「気になる」子どもの社会性発達の理解と支援―チェックリストを活用した保育の支援計画の立案―．北大路書房］

35-59.
5) 佐久間路子（2006）「心」の理解と自己の発達．海保博之・楠見孝監修：心理学総合事典，16.1, pp.373-378, 朝倉書店．
6) Amsterdam, B (1972) Mirror self-image reactions before age two. *Developmental Psychology*, **5**, 297-305.
7) 木下孝司（2001）遅延提示された自己映像に関する幼児の理解：自己認知・時間的視点・「心の理論」の関連．発達心理学研究，**12**，185-194.
8) Damon, W & Hart, D (1988) Self-understanding in Childhood and Adolescence, Cambridge University Press.
9) 佐久間（保崎）路子・遠藤利彦・無藤隆（2000）幼児期・児童期における自己理解の発達：内容的側面と評価的側面に着目して．発達心理学研究，**11**，176-187.
10) 柏木惠子（1988）幼児期における「自己」の発達．東京大学出版会．
11) 長濱成未・高井直美（2011）物の取り合い場面における幼児の自己調整機能の発達．発達心理学研究，**22**，251-260.
12) Warneken, F & Tomasello, M (2006) Altruistic helping in human infants and young chimpanzees. *Science*, **311**, 1301-1303.
13) Tomasello, M (2009) Why We Cooperate, MIT Press.（トマセロ，M，橋彌和秀訳（2013）ヒトはなぜ協力するのか，勁草書房）．
14) Piaget, J (1932) The Moral Judgement of the Child, Free Press.
15) Kohlberg, L (1971) From is to ought. *In* Mischel, T Ed.: Cognitive Development and Epistemology, Academic Press／コールバーグ，L（1985）「である」から「べきである」へ．永野重史編：道徳性の発達と教育―コールバーグ理論の展開，新曜社．
16) Turiel, E (1983) The Development of Social Knowledge: Morality and Convention, Cambridge University Press.
17) 森川敦子・渡辺大介・畠田小百合・濱田祥子・近藤綾・羽地奈奈美・川上みどり・石井眞治（2016）子どもの規範意識の発達に関する研究―幼児の善悪判断の理由付けに焦点づけて―．比治山大学紀要，第23号，121-131.
18) 本郷一夫編（2018）「気になる」子どもの社会性発達の理解と支援―チェックリストを活用した保育の支援計画の立案―．北大路書房．

第9章
仲間関係の発達

1. 保育の場での仲間関係の形成

(1) 生活をともにする場での仲間関係

　乳幼児期の**仲間関係**とは，比較的年齢の近い子ども同士の関係である。
　保育所や幼稚園等は，子どもたちが継続的に生活をともにする場である。瓜生は，3歳児では子ども同士の親密化が進んでいくが，それは継続的に接することができる環境にある場合に可能になると述べている[1]。同じ3歳児であっても，保育所で0歳から一緒に生活してきた子ども同士と幼稚園に入園したての初対面の子ども同士では，仲間関係のありようが異なると考えられる。しかし，幼稚園の子ども同士の関係も，ともに生活する中で変化していく。保育の場における仲間関係は，集団生活の経過とともに形成されていくものである。

(2) 保育者が目指す仲間関係

　保育の場では保育者が子ども同士のかかわりを見守り，時に応じて調整する。鈴木[2]は次のような1歳児クラスでの出来事を紹介している。

〈事 例4〉
　あやちゃんが室内用の自動車に乗っていると，それを見たかずき君が車をとろうとした。そこにはじめ君もやってきて3人での取り合いになった。
　保育者がかずき君にほかの車を探そうと提案し，はじめ君も探しについて行った。ようやく3台の車がそろうと，3人がそれぞれに乗り，見合ってほほえんだ。

　保育者は他児の使っている物を取ろうとした子どもに，その子の要求もかな

えられる方法を提案している。その結果，同じ要求がかなった子ども同士の共感が生まれている。同じ物への要求はトラブルを生み出すこともあるが，同じ物で遊ぶうれしさや楽しさを共感し合う仲間関係にもつながる。そのためには，子ども同士の共感が生まれるような方向での保育者の介入が重要になる。保育の場における仲間関係のありようは，保育者がどのような仲間関係を目指して保育を展開するかに影響を受けると考えられる。

(3)「保育所保育指針」等にみられる目標

第2章で述べたように，2017（平成29）年に告示された「保育所保育指針」「幼稚園教育要領」「幼保連携型認定こども園教育・保育要領」には，「幼児期の終わりまでに育ってほしい姿」が10項目示された。その中の1つに**協同性**がある。「保育所保育指針」には次のように記されている[3]。

　ウ　協同性

　　　友達と関わる中で，互いの思いや考えなどを共有し，共通の目的の実現に向けて，考えたり，工夫したり，協力したりし，充実感をもってやり遂げるようになる。

「保育所保育指針解説」（厚生労働省）には，「協同性が育まれるためには，単に他の子どもと一緒に活動できることを優先するのではない。他の子どもと一緒に活動する中で，それぞれの持ち味が発揮され，互いのよさを認め合う関係ができてくることが大切である」[4]とある。「協同性」を掲げることで，幼児期にどのような仲間関係の形成を目指しているのかが記されているといえよう。「幼児期の終わりまでに育ってほしい姿」については，「与えられた」目標であり，「子どもの事実に即していない」との指摘[5]もあるが，今後の保育活動と仲間関係の育ちに影響を及ぼすことが考えられる。

2. パーテンの社会的参加のカテゴリーと仲間関係

(1) パーテンの社会的参加のカテゴリー

就学前児の**社会的参加**に関するパーテン（Parten, MB）の研究[6]をふまえて，幼児の仲間関係の発達について考えていく。

表9-1　パーテンによる2～4歳児の6つの社会的参加のカテゴリー

①明らかに遊んではいないが，その時の興味で何かを見ている「何もしない行動（Unoccupied behavior）」
②ほとんどの時間を他の子どもたちの遊びを見て過ごすが，遊びに入ろうとはしない「傍観（Onlooker）」
③一人で他と関係なく遊んでいる「一人遊び（Solitary independent play）」
④周りの子どもたちが使っているおもちゃと同じようなおもちゃで遊ぶが，一緒に遊ぶというより傍らで遊ぶ「並行遊び（Parallel activity）」
⑤他の子どもたちと共同で遊ぶが，みんなが同じような行動をしていて分業がなく活動が組織化されていない「連合遊び（Associative play）」
⑥何かを作るなどの目的のために組織化された集団で遊ぶ「協同遊び（Cooperative or organized supplementary play）」

　パーテンは，保育所の自由遊びの時間における主に2～4歳児の行動を観察し，表9-1の6つの社会的参加のカテゴリーに分類した。⑥の集団には役割分担があり，目的を達成しようとする一人の子どもの取り組みはほかの子どもの取り組みによって補われる。

(2) パーテンの社会的参加のカテゴリーと仲間関係

　パーテンは，社会的参加はかなりの程度，年齢に依存しており，最も年少の子どもは一人遊びか並行遊び，最も年長の子どもはより高度に組織化された集団で遊んでいるが，著しい個人差もみられたと述べている。2歳から4歳半の時期をみると，一人遊びと並行遊びはほかの時期に比べて2歳から3歳の時期に多い。連合遊びは年長ほど多い傾向があり，協同遊びは3歳以降著しく増えるという結果である。それぞれに遊んでいるとはいえ，近くで同じような遊びをする関係が2歳代に広くみられること，役割分担はないにせよ一緒に遊ぶ関係も2歳代からみられること，共通の目的を達成するために役割を分担しながら協力する関係は幼児期の後半に発達することを示唆しているといえよう。

　なお田中は，パーテン理論の貢献として，「集団には加わらず，遠巻きに遊びを見ている状態（傍観的行動）をも，遊びの参加状態の一形態として捉えたこと」をあげ[7]，傍観的行動は，遊びへの参加の中間領域の存在を示すものとして意義深いという。他児の遊びに関心を寄せてみることも，他児との，あるいは集団での遊びにつながる可能性をもった仲間関係の一形態と考えられる。

3. 乳幼児期の仲間関係の発達

0歳から6歳（小学校入学前）までの乳幼児期の仲間関係の発達をみていく。

(1) 0歳児の仲間関係

布施によれば，子どもは0歳前半の時期から，仲間をじっと見たり，触ったりし，0歳後半になると，子ども同士での物の取り合いが始まるが，顔を合わせて笑ったり，他児と同じことをして共感し合ったりする姿もみられ始めるという[8]。

これは，川井らの乳児院での観察結果[9]とおおよそ合致する。川井らがある男児を生後23日から日常の自由保育場面で観察したところ，2か月過ぎから他児を注視するようになり，それ以降3～4か月を通じて注視に発声，微笑，リーチングが組み合わされる。4か月には他児と見つめ合いながら発声，微笑する行動が観察されている。他児との遊具の取り合いがみられ始めるのは5か月である。他児とブランコを一緒に揺らし，見つめ合い微笑する行動が8か月に，他児に接近し，叩いている車を一緒に叩いて微笑する姿が9か月に，他児が追うと逃げ，それからまた他児を追いかける行動が11か月に初めて観察されている。

このように，仲間に関心を寄せ合う関係は，0歳前半の時期からみられる。その後，物の取り合いや仲間と同じことをして共感し合う関係，相補的な行動での遊びもみられ始める。0歳児期は仲間関係の芽生えの時期といえる。

(2) 1・2歳児の仲間関係
1) 子ども同士の「友好的な」かかわり

保育所で，生後6か月から2歳7か月（観察開始時）の子ども同士のやり取りを観察した田尻は，一番多くみられたのは物の争奪に関するものであったという[10]。しかし，友好的なやり取りも多くみられたとして，「登園したC男にB男があいさつするやりとり」「声をかけ合うやりとり」「追いかけ合うやりとり」「動作的な模倣のやりとり」「言語的な模倣のやりとり」の例をあげている。

これらはいずれも1歳児同士のやり取りであり，互いに声をかけ合ったり，追いかけ合ったり，互いの行動を模倣したりするやり取りは比較的多くみられたと述べている。

1歳児クラスの子どもには同調的な行動が多い[11]といわれる。また，2歳児には，友だちがしていると自分もしたくなる，友だちも一緒にしていると一層楽しくなるという様子がみられる[12]という。1・2歳の時期には，他児と同じ行動をとりながらやり取りし，楽しさを共感し合う関係が広くみられるようになるといえよう。そこには，他児の行動への興味だけでなく，他児を見て「自分も」と意識するようになる自我の発達が関連していると考えられる。また，並行遊びであっても，同じ空間で同じ行動をしている他児の存在が遊びの継続を支えていると考えられる。

2) 物をめぐるトラブルと保育者の働きかけ

杉山らは，保育所において平均月齢が前期14か月，中期18か月，後期22か月の子どもたちの物をめぐる**トラブル**を縦断的に観察している[13]。結果をみると，中期以降は物を取ろうとするなどのトラブル開始者の行動に対する所有者のNR（人に対して何らの行動を起こさない）の比率が低下し，トラブルが成立しやすくなることを示している。また，後期には攻撃や要請などトラブルの「相手に直接向けた行動」の比率が高まり，子ども同士のトラブルという様相がはっきりしてくるという。

本郷らは，上記トラブルへの保母（調査当時の名称）の働きかけを分析している[14]。年齢に伴う主な変化として，次の3点があげられている。①子ども間の物をめぐるトラブルに保母が介入する比率が増加すること，②他児の行動の説明や要請の指示などの媒介的役割をもつ働きかけは増加するが，制止や代替物を与えるなどの物理的手段を用いての介入は減少すること，③保母の介入への子どもの拒否が増加することである。

玉井らは，杉山らおよび本郷らの研究に続けて，2歳児期の物をめぐるトラブルを観察している[15]。1歳児期にみられなかった特徴として，3人の子どもが同時にかかわるトラブルが観察されたことをあげている。それには，トラブルの当事者のどちらかに第3の子どもが加勢するタイプと，2人の子どものやり取りに第3の子どもが割り込んだために起こる3人の子どものトラブルがあ

る。また，物の使い方をめぐる要求の対立を含むトラブルが1歳児期に比べて増加していたという。保母の働きかけについては，保母の媒介的な役割が一層明確になることが示唆されたとしている。

　これらの研究から，子ども同士の物をめぐるトラブルは1歳半ば頃から成立しやすくなり，2歳にかけて相手を意識したトラブルになっていくと考えられる。それとともに保育者の働きかけも増加し，その内容も子ども同士を媒介するものへと変化していくといえる。さらに，2歳代では三者間のトラブルもみられるようになり，物の使い方をめぐるトラブルも増えることから，保育者には多様な内容の働きかけで媒介的役割を果たすことが求められるようになると考えられる。

(3) 3歳以上児の仲間関係
1) 遊びの変化と仲間関係の発達

　3歳から5・6歳にかけての子どもたちのごっこ遊びの変化から，仲間関係の発達の様相をみていく。

　3歳児については，3歳前半は2，3人でのごっこ遊びが盛んにみられるが，役割分担が明確ではなかったり，一人がすっかり取り仕切っていたりすることも多いが，3歳後半になると，皆がよく知っている話のストーリーに添ったごっこ遊びなどを，生まれ月の早い子のリードなどによって，子どもだけ大勢で展開することもあるといわれる[1]。また，3歳児では役の分担まではっきりと意識されていないことがよくあるが，4歳児になると，遊びを始める前に役を決め，場面のイメージも共有しようとするといわれる[16]。5歳児については，服部が，子どもたちだけでもストーリーのあるごっこ遊びを始めるようになるといい，友だち同士でアイディアを出し合いながら遊びを進める様子を紹介している[17]。また，5歳をすぎる頃から，友だちと作り出したイメージを残して，「きょう―あした」という時間単位で楽しみの見通しをもつようになると述べている。

　本郷らが行った調査（保育者がクラスの子どもたちについて社会性発達チェックリスト（p.88参照）の項目にチェックする）の結果[18]から，ごっこ遊びに関する項目の通過率が50％を超える年齢をあげてみると，「他の子とか

かわりながらごっこ遊びができる」と「テレビや絵本などの登場人物をまねて友だちと遊ぶ」が3歳から3歳5か月,「簡単な役割分担をしてごっこ遊びができる」が4歳から4歳5か月,「自分たちで作ったお話でごっこ遊びをする」が5歳から5歳5か月であった。なお,「一人でままごとで役のつもりになって遊ぶ」は2歳6か月から2歳11か月である。友だちとごっこ遊びができる3歳,役割分担がみられるようになる4歳,自分たちでストーリーを作るようになる5歳という変化は,上記の記述と一致する。

　こうした変化を仲間関係という視点でみれば,共通のテーマや目的のもと,話し合いながら活動の展開や目的の達成に至る過程を共有し,役割を分担しながら協同するようになっていくという発達の方向性が示されているといえよう。また,協同で作り出したイメージを次の日まで保持できるようになることで,協同的活動を継続させながら発展させていくこともできるようになると考えられる。

2）クラス集団の発達と保育者の働きかけ

　クラスは,一人ひとりの子どもが安心して,自分を出して生活できる場であることが重要である。そのためには,仲間関係も安心できるものでなければならない（表9-2）。

　こうした仲間関係を築きながら,子どもたちが心地よい生活と楽しい遊びを作り出し,ともに育ち合っていけるような**クラス集団**を作っていくことが保育の課題となる。

　a．3歳児クラス：3歳児クラスでは,子どもが群れて,時にはクラス全体が一つの雰囲気の中で遊びを楽しむ。しかし,3歳児クラスの子どもは,「先生が『自分に話している』という意識のもとに聞き手になれる」[19]といわれ,集団の場面でも一人ひとりを意識して話しかけることが必要である。また,自

表9-2　安心できる仲間関係

①生活や遊びをともにし,共感し合える仲間がいること
②仲良しやグループなど,拠り所となる仲間関係があること
③仲間の中で認められ,仲間の一員として大事にされること
④一人ひとりの違いが認められる仲間関係であること

己主張が盛んになる時期の子ども同士のトラブルは激しいぶつかり合いになることもあるが，それぞれが自分の主張を言葉にして伝え，相手の言葉を聞くことで解決に向かうことがある。クラスづくりにおいては，一人ひとりの遊びと自己主張を育てながら子ども同士をつなげるとともに，一人ひとりに配慮しながらクラス単位での遊びや活動を行っていくことが重要になる。

b．4歳児クラス：4歳児クラスの子どもたちにおいては，保育者だけでなく仲間に認められることが安心や自信につながる。また，**仲間意識**をもってグループでの活動やクラス単位での活動に参加する。一方，仲間との関係を意識するようになるだけに，皆での活動に参加できない場合などには，自分なりの理由があっても葛藤が生じる。一人ひとりが仲間の中で認められる機会を作るとともに，一人ひとりの感情や意思が受け止められるクラス集団を作ることが重要になる。

なお，グループ単位での活動は，少人数であるだけに話し合いや協同的な活動が成立しやすく，互いを認め合う関係も築きやすい。結果として，仲間意識も高まる。グループを集団的な活動の単位の一つとしながら，クラス全体での活動を行って一体感を作っていくこともクラスづくりの一つの方法といえる。

c．5歳児クラス：5歳児クラスでは，さまざまな場面，さまざまな単位での**協同的活動**がみられる。自由な遊びの時間に，いつものメンバーで自分たちの基地づくりに取り組むこともあれば，夏祭りのみこしを作るためにどのようなみこしにするかをクラス全体で話し合って取り組むこともある。協同的な活動の展開においては，自分の役割を果たすだけでなく，他児を手伝ったり，教え合ったりという支え合う関係がみられる。また，役割を分担して協同することで，それぞれの子どもの得意な面やがんばりが発揮され，互いを認め合う関係が築かれていく。協同的な活動への参加において支援が必要な子どもがいる場合には，どのようにしたら参加できるかを子どもたちとともに考えていくことが，一人ひとりの違いを認め合う仲間関係の形成につながる。

保木井は，幼児の協同的な活動の成立過程を，幼児の日頃の関係性の点から明らかにするために，幼稚園の5歳児クラスの保育場面を分析している[20]。その結果，協同的な活動への参加は「仲良しグループ」を単位としていたこと，「仲良しグループ」での協同的な活動では活動の目的が幼児間に共有されなく

とも活動が「協同的」なものになっていたこと，「仲良しグループ」での協同的な活動は「気楽な雰囲気」によって活動が維持されていたことが明らかになったという。

保木井のいう「仲良しグループ」とは，日頃の遊びでの決まったメンバーを意味している。ある子どもにとって，クラスの子ども一人ひとりとの関係は一様ではない。「仲良しグループ」をもっているか，それがどのような集団かによって，協同的活動への参加の仕方も変わってくると考えられる。保育者は，フォーマルなグループやクラス集団での協同的活動を提起したり，支援したりするだけでなく，一人ひとりに「気楽な雰囲気」で活動をともにできるような仲間関係が築かれているかに配慮する必要があると考えられる。

協同的な活動のための**話し合い**においては，一人の子どものアイディアに皆が賛同して合意が形成されることもあれば，意見が対立することもある。後者の場合の保育者の働きかけとしては，なぜそう思うのかなど，それぞれが意見を主張し合える場を作ることが重要である。相手の発言を聞くことで意見が変わったり，新しいアイディアが浮かんだりして，合意形成に向けた意見の調整が進むと考えられるからである。

杉山は，幼稚園の5歳児クラスで，誕生会に作るおやつのメニューを決める話し合いを観察している[21]。子どもたちは複数の案を出し合い，その中から1つを選んでいく。子どもはおやつのメニューを決めるという目的をもって自分の意見を表明するとともに，他者の意見を聞いて自分の意見を変えていること，1つに決めるために自分の意見を調整しようとしていること，どうしたら1つに決められるかを考えていることがわかった。最後は，誕生月の子どもに譲ろうという一人の子どもの発言で合意が成立する。幼児期においても合意に向けた行動の調整が行われ，納得のいく理由があれば相手に譲るという形で合意形成ができることを示している。

4. 仲間関係の意義

(1) 社会化のエージェントとしての仲間

保育所や幼稚園等は，乳幼児にとって一つの社会である。保育者はそこでの

振る舞い方を伝え，子どもの社会化を促す。しかし，子どもは保育者との関係だけでなく，仲間とのかかわりの中で，自分の要求や思いを相手に伝える方法を学び，他児の要求や思いにも気付いていく。他児との間に要求の対立がある場合には解決策を探し，意見のズレがあれば互いに調整し合うことになる。こうした過程は，それぞれの子どもの要求や思いを言葉にして受け止め，子ども同士のかかわりを媒介する保育者によって支えられるが，次第に子どもたちだけでも解決できるようになっていく。また，楽しい遊びや活動を協同で作り出し，展開するようにもなる。その中で仲良しができ，仲間意識も育っていく。

このように，保育所や幼稚園等という社会における子どもの社会化には，仲間がいるからこそ求められ，また実現されるという特徴がある。子どもに社会化をもたらす存在として，仲間もまた**社会化のエージェント**といえる。

(2) 仲間との生活の中での社会的スキルの獲得

杉山らは，ある1歳児が，他児が置いて使っているおもちゃを手に入れるために，まずは別のおもちゃを他児に差し出して，相手のおもちゃをとる行動を観察している[13]。相手が取り返しに来て，保育者の介入もあって相手の所有となったため，交換を求めるこのやり取りは不調に終わった。しかし，交換の提案は，他者との関係で自分の要求をかなえるための方法の一つであり，**社会的スキル**（人とかかわるための能力や技能）といえる。このように，仲間との生活の中には社会的スキルを必要とする場面が埋め込まれており，子どもは仲間との相互交渉や保育者の支援によってそれを獲得していく。

社会的スキルを獲得する契機は，集団的な活動の場面にもある。小林は，保育園の年長児クラスの幼児を対象に継続的な集団ゲーム遊びを導入し，子どもの社会的スキルの発達を支援している[22]。社会的スキルの発達を促すためには，子どもがもっと遊びたいと思えるようなゲームを提案しなければならないと述べている。仲間とともに繰り返し集団遊びを楽しむことが社会的スキルの獲得につながること，そのための支援が保育者には求められることを示しているといえよう。

(3) クラスの仲間関係の発達と個の発達

5歳児クラスになったダウン症の女児が，跳び箱を皆のように跳べないことに気付き，跳びに行くことを躊躇するようになった例がある[23]。しかし，クラスには教え合ったり，励まし合ったりする仲間関係が築かれており，女児は葛藤しつつも仲間の励ましに支えられて活動に参加している。

このように，クラスの仲間関係のありようは，一人ひとりの子どもの仲間とのかかわりや活動への参加に影響を及ぼすと考えられる。クラス集団が一人ひとりの違いを認め合い，支え合う関係にある時，一人ひとりの活動が充実するとともに，協同的な活動も発展するであろう。クラスの仲間関係の発達は，一人ひとりの子どもに安心できる仲間関係と多様な活動への参加を保障し，発達を促すものと考えられる。

■引用文献

1) 瓜生淑子（2000）3歳児．心理科学研究会編：育ちあう乳幼児心理学—21世紀に保育実践とともに歩む，pp.143-162，有斐閣．
2) 鈴木牧夫（1998）子どもの権利条約と保育—子どもらしさを育むために，新読書社．
3) 厚生労働省（2017）保育所保育指針．保育所保育指針〈平成29年告示〉，p.11，フレーベル館．
4) 厚生労働省（2018）保育所保育指針解説．厚生労働省編：保育所保育指針解説，p.68，フレーベル館．
5) 長瀬美子（2017）「幼児期の終わりまでに育ってほしい姿」をどうとらえるか．大宮勇雄・川田学・近藤幹生・島本一男編：どう変わる？何が課題？ 現場の視点で新要領・指針を考えあう，pp.66-71，ひとなる書房．
6) Parten, MB（1932）Social participation among pre-school children. *The Journal of Abnormal and Social Psychology*, **27**, 243-269.
7) 田中浩司（2014）集団遊びの発達心理学，p.105，北大路書房．
8) 布施佐代子（2018）乳児の発達と保育．乳児保育研究会編：改訂5版 資料でわかる 乳児の保育新時代，pp.10-31，ひとなる書房．
9) 川井尚・恒次欽也・大藪泰・金子保・白川園子・二木武（1983）乳児—仲間関係の縦断的研究1—初期の発達的変化—．小児の精神と神経，**23**（1），35-

42.

10) 田尻教子（1989）保育所の仲間とのやりとり―0～2歳児．小嶋秀夫編：乳幼児の社会的世界，pp.78-94，有斐閣．
11) 神田英雄（1997）0歳から3歳―保育・子育てと発達研究をむすぶ〈乳児編〉，全国保育団体連絡会．
12) 杉山弘子（2000）2歳児．心理科学研究会編：育ちあう乳幼児心理学―21世紀に保育実践とともに歩む，pp.123-142，有斐閣．
13) 杉山弘子・本郷一夫・玉井真理子（1990）保育場面における1～2歳児のトラブルの成立と展開―物をめぐるトラブルについて―．心理科学，12（2），15-23．
14) 本郷一夫・杉山弘子・玉井真理子（1991）子ども間のトラブルに対する保母の働きかけの効果―保育所における1～2歳児の物をめぐるトラブルについて―．発達心理学研究，1（2），107-115．
15) 玉井真理子・本郷一夫・杉山弘子（1992）集団保育場面における子ども間のトラブルと保母の働きかけ―1～2歳児クラスにおける物をめぐるトラブルについて―．東北教育心理学研究，5，45-59．
16) 平沼博将（2000）4歳児．心理科学研究会編：育ちあう乳幼児心理学―21世紀に保育実践とともに歩む，pp.163-182，有斐閣．
17) 服部敬子（2000）5，6歳児．心理科学研究会編：育ちあう乳幼児心理学―21世紀に保育実践とともに歩む，pp.183-205，有斐閣．
18) 本郷一夫・飯島典子・高橋千枝・小泉嘉子・平川久美子・神谷哲司（2015）保育場面における幼児の社会性発達チェックリストの開発．東北大学大学院教育学研究科研究年報，64（1），45-58．
19) 岡本夏木（1985）ことばと発達，p.174，岩波書店．
20) 保木井啓史（2015）幼児の協同的な活動はどのように成立しているか―メンターシップの概念による分析―．保育学研究，53（3），21-32．
21) 杉山弘子（2008）話し合い場面での幼児の行動の変化と発達的意味―幼稚園5歳児クラスの話し合いの分析から―．尚絅学院大学紀要，56，99-109．
22) 小林真（2013）保育園のクラスを対象とした社会的スキルの発達支援．臨床発達心理実践研究，8，8-16．
23) 杉山弘子・坂本由佳里（2018）特別な支援を必要とする子どもの行事への参加と仲間関係．尚絅学院大学紀要，75，35-44．

第10章
子どもの学びと発達

1. 学習の原理

(1) 新しい行動ができること
1) 古典的条件付け（レスポンデント条件付け）

　子どもは，就学前に，日常生活を通して，また遊びを通して，さまざまなことを学んでいる。学ぶことで，これまでの行動が変わり，新たな行動ができるようになる。例えば，レモンや梅干しを見るだけで唾液が出る場合を考えてみる。本来，レモンや梅干しを見ただけでは唾液は出ない。唾液はレモンや梅干しを食べた時に酸っぱくて出るのである。この時，レモンや梅干しを食べることは**無条件刺激**と呼ばれ，食べたことで唾液が出る反応は**無条件反応**と呼ばれる。レモンや梅干しを食べる時には，常に同時にレモンや梅干しを見ている。これが続いて，レモンや梅干しを見ただけで唾液が出るという新しい行動ができるようになったのである。

　この現象は，新しく刺激と反応の結び付きができたことを示しており，新たな行動であるといえる。この時，レモンや梅干しを見ることは**条件刺激**と呼ばれ，レモンや梅干しを見ることによって引き起こされた唾液が出る反応は**条件反応**と呼ばれる。この新しく刺激と反応の結び付きができることは，パブロフ（Pavlov, IP）によって，**古典的条件付け（レスポンデント条件付け）**と呼ばれている（図10-1）。

　ただし，その後レモンや梅干しを食べることがなくなると，見ているだけでは唾液が出なくなっていく。これは，条件刺激だけを提示し続けると，条件反応が徐々に弱まっていく現象であり，**消去**と呼んでいる。また，レモンや梅干

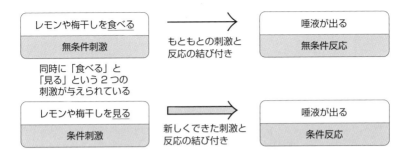

図10-1 古典的条件付け（レスポンデント条件付け）のメカニズム

し以外の類似したものを見ただけでも同様に唾液が出る反応が起こることがある。これは，条件反応が成立した後で，条件刺激に類似した刺激でも同様の条件反応が起こっているのであり，**般化**と呼ばれている。

2) オペラント条件付け（道具的条件付け）

　上記の現象以外にも，新しい行動ができるようになることがある。例えば，何度も練習したり，試したりすることによってできるようになることがある。できなかったことを何度も繰り返して行ううちにできるようになることは，ソーンダイク（Thorndike, EL）によって，**試行錯誤学習**と呼ばれる。ただし，繰り返していくうちにいやになることもあるが，がんばった結果として大きな報酬が待っているとがんばれるものである。自発的に行動することで新しい行動できるようになるのである。

　これはその後，スキナー（Skinner, BF）によって実験が行われた。この実験では，**先行状況**にある**刺激**とその後の**反応**の結び付きを報酬という**結果**でコントロールできると考えて行われたものである。最初に，ハトにレバーを押すという今までしなかった行動を教えるために，レバーを押すとエサが出るという箱を作り，空腹のハトをその箱に入れたのである。新しい行動が起こる環境であることが前提となっている。

　この箱に入れられたハトは，エサを求めてたまたまレバーを押した。すると，エサが出てきたので，ハトは，そのエサを求めて何度もレバーを押す行動を自発的にするようになったのである。この学びの過程を，スキナーは**オペラント条件付け（道具的条件付け）**と呼んだ。この時，先行状況はハトがレバーを

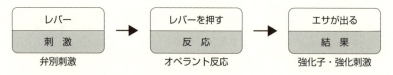

図 10-2 オペラント条件付け（道具的条件付け）のメカニズム

ほかの刺激と区別できたので**弁別刺激**，次にハトが自発的に行ったので**オペラント反応**，報酬は**強化子**（**強化刺激**）と呼ばれ（図 10-2），報酬を与えてオペラント反応を強めることは**強化**と呼ばれている[1]。

(2) 多様な子どもの学び

　子どもは，練習すれば必ず課題ができるようになるわけではない。練習してもできない中で，ふと思いついて課題を解決できる場合がある。つまり，頭の中の構造の変化によりできるようになる場合である。ケーラー（Köhler, W）はこれを**洞察**と呼び，実験を行っている。天井からバナナを吊り下げた部屋にチンパンジーを入れる。この時，バナナはチンパンジーがジャンプしても届かない位置にあり，そのバナナをとるという課題である。この時，部屋の中に 2, 3 の箱を置いておくのである。チンパンジーはバナナが好きなので，取ろうとするが届かない。そのうち，チンパンジーはふと思いつきバナナの下に箱を重ねて置き，箱の上に登って，バナナを取って食べることができたのである。この場合，練習したからではなく，ふとバナナを食べるという課題の解決方法を思いついたといえるのである。

　また，子どもは自ら体験することで学ぶだけではない。他人の行動を見て，どのように行動すればよいか学ぶことができる。バンデューラ（Bandura, A）は，子どもの攻撃性ついて実験を行い，**社会的学習理論**を提唱している。最初に大人がビニール人形を叩く等の攻撃する行動の映像を子どもに見せた。その後に，その大人が叱られるという罰を受けた場面を見せた子どもの群（罰観察群），その大人が報酬を受けている場面を見せた子どもの群（報酬観察群），何も見せない子どもの群（統制群）という 3 つの群に分けて，それぞれの群の子どもの行動を調査した。つまり，3 つの群の子どもが，自分でビニール人形を叩く等の攻撃する行動を模倣するかどうか検討したのである。その結果，叱ら

れた場面の映像を見せられた子どもの模倣数だけがほかの2つの群の子どもよりも少なかったのである。これは，**観察学習（モデリング）**と呼ばれ，直接経験（直接強化）しなくても，モデルである他者の行動を見るだけで行動が変化した（**代理強化**）ものである[1]。子どもは友だちや保育者と行動をともにする中で学ぶことはもちろん，絵本を読んだり，アニメの映像を見たりする中でも学んでいるのである。

2. 知能と学力

(1) 知能とは

「頭がよい」とよくいわれるが，どのようなことが考えられるのか。「頭がよい」とは，数学や理科の難しい問題が解けることなのか。また，臨機応変に問題解決のための対応ができることなのか。あるいは，多くの漢字が書けたり，英語の読み書きができたりすることなのか。具体的に「頭がよい」ことの説明はできなくても，これまでに人が社会で生きていくために「頭がよい」ことが重視されてきた。

ところで，「頭がよい」ことの個人差を考えるために，**知能**という言葉が考えられた。知能の個人差を考えるためには，知能を定義し，測定道具を作り，単位を統一すると非常に便利になる。例えば，「長さ」は「2点間の最短距離」と定義でき，「ものさし」という測定道具により測定し，mやcmという単位で示すことにより，世界中で使用され，比較できる。ここでは，この観点から知能を考えてみる[2),3)]。

知能の定義にはさまざまな考えがある。学習または経験によって獲得していく能力である学習能力や，抽象的思考を行う能力，生活上での比較的新しい場面に自分自身をうまく適応させていく適応能力などが考えられてきた[4]。

このようにさまざまな定義があり，「長さ」のように定義は統一されていないが，測定するためには知能の具体的な内容を考える必要がある。スピアマン（Spearman, CE）は，一般的因子と特殊因子の2つに分ける**2因子説**を提唱した。また，サーストン（Thurstone, LL）は，もう少し具体的に8つの因子からなる**多因子説**を提唱した。この2つの考えは，さまざまな知的な能力を測定

する問題から、いくつかのまとまりにまとめていったものである。一方、多因子説を発展させ、環境とのかかわりで知能を考える立場として、ギルフォード（Guilford, JP）の**知能構造モデル**がある。環境からの情報の入力として「内容」、頭の中で考えることとして「操作」、考えた結果の出力として「所産」という3つに分けて、その組み合わせから知能を考えている。

また、キャッテル（Cattell, RB）は、**結晶性知能**と**流動性知能**という考えを提案し、その後、ホーン（Horn, JL）が拡張した。結晶性知能は、以前の経験や一般的な経験によって形成された能力であり、的確な判断が必要とされる認知的場面で現れるものである。例えば、習得された知識である。一方、流動性知能は、新しい場面への適応が要求されるような課題解決と関係が深い能力であり、例えば、推理能力や思考力などである。その後、キャロル（Carroll, JB）が唱えた3階層理論と融合したCHC理論（The Cattell-Horn-Carroll Theory）が提唱されている[5),6)]。

これ以外にも、知能を知的能力だけに限定しない考えとしてガードナー（Gardner, H）の多重知能の理論（multiple intelligences theory：MI理論）の考えがある。これは、①言語的知能、②論理数学的知能、③音楽的知能、④身体運動的知能、⑤空間的知能、⑥対人的知能、⑦内省的知能という7つの別個の知能に分けている。

(2) 知能の測定

1905年に、フランスのビネー（Binet, A）が精神科医のシモン（Simon, TH）とともに、最初に**知能検査**の原型となる「知能測定尺度」を作成した。最初は知的な遅れのある子どもへの適切な教育環境と指導法を提供するためのものであった。これは、さまざまな年齢に達した子どもたちが広く解ける問題を30問選び出し、ごくやさしい問題から難しい問題へと順に配列したものである。

その後、ビネーの考えに基づいて日本で作成された検査の1つが「**田中ビネー知能検査**」である。検査の対象は2歳から成人までであり、年齢ごとにさまざまな問題から構成されている。そのため、何歳ぐらいの発達レベルであるのかがよくわかるようになっている。

これ以外に、ウエクスラー（Wechsler, D）が作成した「**WISC-Ⅴ**（Wechsler Intelligence Scale for Children—Fifth Edition)」がある。この検査は、5歳から16歳11か月までの子どもを対象にしたもので、10の主要下位検査と6つの二次下位検査から構成されている。下位検査の結果から、言語理解、視空間、流動性推理、ワーキングメモリー、処理速度の5つの主要指標得点の算出ができる。この知能検査では、何が得意で、何が苦手なのかがわかりやすくなっている。

知能検査は、背景となる理論があり、その理論に基づき作成されている。また、知能検査によって測定される能力は異なっており、知能検査によって測定された結果は、知的能力のいくつかの側面だけを測定していることを考える必要がある。前述のガードナーの多重知能の理論の1つである他人とうまくやっていく能力である「対人的知能」は、第12章で述べる自閉スペクトラム症の子どもにとっては課題となる部分であるが、現在の知能検査では測定できる能力ではない。知能検査は、長さを測る「ものさし」のように、測りたいことが常に測定できて誰が測ってもいつも同じ測定値になるとは限らないのである。

(3) 知能の単位

知能を比較する時に単位があるとわかりやすくなる。最初に考え出されたのは、**精神年齢**（mental age：MA）である。精神年齢は、子どもの知能発達に応じた年齢別の問題が用意されている場合に解答できた問題に相応する年齢とされている。つまり、知能検査の結果としてだいたい何歳ぐらいの知的能力があるのかがわかる指標となる。

これによると、5歳0か月の子どもの精神年齢が6歳0か月であると優秀、4歳0か月であると劣っていることになる。そこで、**知能指数**（intelligence quotient：IQ）が考え出されたのである。知能指数は、シュテルン（Stern, W）が1912年に提唱し、ターマン（Terman, LM）によるスタンフォード−ビネー検査で採用されたのである。

最初の計算式は、「知能指数＝精神年齢÷生活年齢×100」であった。この計算式から得られた結果を小数点第1位で四捨五入した数値が、検査時の実際の子どもの年齢である**生活年齢**（chronological age：CA）に比べて、知能検査

の結果である精神年齢が高かったか低かったかを示すものである。100をかけているのは，基準を100とするためである。したがって，5歳0か月の子どもの知能検査の結果である精神年齢が5歳0か月であれば，知能指数は60か月÷60か月×100＝100ということになる。精神年齢が5歳0か月より高ければ，知能指数は100以上となる。反対に精神年齢が5歳0か月より低ければ，知能指数は100未満となる。

　現在では，同じ年齢集団内で相対的にどの位置にあるのかを示した**偏差知能指数**（deviation intelligence quotient：DIQ）が用いられている。これは，平均を100とした場合，平均からどれほど隔たっているのかを示す値である。「偏差知能指数（DIQ）＝（個人の得点－同じ年齢集団の平均値）÷（同じ年齢集団の標準偏差（SD）×1/15）＋100」として算出されるが，知能検査によって算出式は異なり，WISCなどでは偏差知能指数が用いられている[4]。

　このように，知能指数はあくまでも測定時の子どもの知能検査の結果が実際の年齢よりも高いか低いかを示している値である。知能検査の結果から算出される知能指数を，固定されたものとしてみるべきではない。

(4) 学力とは

　学力は，大きく2つに分けられてきた。1つは，学校で習得された知識の定着度や理解度を点数によって示したものであり，筆記試験で測定された得点がその代表といえる。これは，学んだことによって身に付いた力であるといえる。もう1つは，前述の習得された学力を支えるものであり，学習意欲，関心・態度，思考力，判断力，表現力など多様な要素を含んだものである。何かを学ぶための力といえる[7]。

　文部科学省は2006（平成18）年度文部科学白書において，これからの子どもに必要な力として「生きる力」を提唱している。この「生きる力」として，「確かな学力」「豊かな人間性」「健康・体力」が具体的に示されている。このうち，「確かな学力」は，「知識や技能に加え，学ぶ意欲や，自分で課題を見付け，自ら学び，自ら考え，主体的に判断し，行動し，よりよく問題を解決する資質や能力など」と定義され，前述の2つの考えが含まれた幅広い学力としてとらえられている[8]。

その後2017（平成29）年度文部科学白書では，何を学ぶか，どのように学ぶか，何ができるようになるかが重視されるようになった。特に，知識の理解の質を高め，資質・能力を育むためにどのように学ぶかとして，「主体的・対話的で深い学び」が重視された。何を教えたかではなく，子どもが「主体的・対話的で深い学び」を通して「何ができるようになるか」を明確にすることが求められているのである[9]。

　幼児期では，何を学ぶかは，幼稚園教育要領等に「幼児期の終わりまでに育ってほしい姿」として示されている（第2章参照）。つまり，幼稚園等での学びにより，育ってほしい姿が達成できることが，具体的に目指されているのである[10]。以上のことから，自ら学ぶ姿勢をもち，自他との対話を通して深い学びが達成できるような力を身に付けることが求められているのである。したがって，知能検査で測定されている能力は知的な面でのその子どもの能力であり，学びの過程で習得される知識の定着度や理解度と大きな関係があるといえる。

　しかしながら，もう1つの学力の側面である学習意欲や関心・態度とは，直接大きな関係があるとはいえない。知識の定着度や理解度が不振の場合は知能検査の結果との関連から**学習不振児**と呼ばれ，**アンダーアチーバー**（under-achiever）として，その要因が研究されてきた。知識の定着度や理解度の不振は，知能検査の結果から推測することができ，そこから指導方法の改善につなげることは重要である。改善された指導方法によって，「できた」「わかった」という経験から，子どもの学習意欲や関心・態度は高まり，子どもの発達につながる。次節で述べる意欲と動機付けと密接につながるものである。

3. 意欲と動機付け

（1）動機付けとは

　意欲ややる気という言葉は，普段私たちが環境に積極的にかかわる時に使用される。1人で部屋にこもって何もしないでボーッとしている時に使用されることはない。第1節でも述べたように，子どもは日常生活や遊びの中でさまざまな学びを行っており，環境に積極的にかかわっていくことは子どもの発達にとって重要なことである。人も含めた生活体すべてについて考える場合には，

動機付けという言葉が用いられる。例えば，人が何かしたいという欲求をもつと，その欲求を解消するために行動しようとする。これが動機である。この動機は，欲求を解消するまで継続し維持されている。この過程が，動機付けである[11]。

(2) 外発的動機付けと内発的動機付け

　第1節で述べたように，報酬を与えられると人は練習しようとする。例えば，子どもが最初にピアノや水泳などの習い事に行く場合，養育者はほうびを与えて，がんばらせようとする。「○○ができたら，欲しいものを買ってあげる」というようなことである。あるいは子どもからすると，がんばって習い事にいくと養育者に褒められうれしくなってがんばろうとすることもある。このように，他者からほうびをもらうことや褒められることによって（つまり，強化され），動機付けられる場合に**外発的動機付け**と呼ばれる。

　この時，罰を与え続けるとどうなるのか。つまり，いくら努力しても罰を与え続けられ，自分のおかれている状況を変えることができないと思い込んでしまう場合である。セリグマン（Seligman, MEP）は，第1段階で，①逃げられない状態で犬に電気ショックを数十回与えた場合，②犬が暴れて顔の横にあるパネルに触れると与えられていた電気ショックが止まった場合，③何も電気ショックを与えなかった場合，の3つの条件に分けた。その後，第2段階では，逃げられる状態で電気ショックを与えると，第1段階で①の電気ショックを与え続けられた犬だけは，逃げないで電気ショックを受け続けても我慢したのである。これは，**学習性無力感**（learned helplessness）と呼ばれる。

　一方，自分自身の知的好奇心や興味・関心からがんばる場合もある。子どもが一生懸命に夢中になって絵を描いたり，砂場で山を作ったりして遊んでいる場合である。これは，子どもが自分からやりたくてやっているのであり，その行動自体が面白いからやっているのである。このような場合には，**内発的動機付け**と呼んでいる。内発的動機付けによる行動は子どもにとって望ましいものであり，子ども自身の学びにもつながる。「好きこそ物の上手なれ」ということわざが端的に示している。

(3) 内発的動機付けを高めるために

　内発的動機付けは，子どもの学びにつながるが，好きなことだけさせていればいいというわけではない。やりたくないことをしなければならないこともある。

　また，外発的動機付けから始めたことが内発的動機付けに変わる場合もある。例えば，養育者にいわれて習い出したピアノがだんだん面白くなって，好きになって大人になっても続く場合である。この場合，2つのプロセスが考えられている。養育者にいわれてピアノを習い出した時は外発的動機付けである。その後も，「ピアノの練習をやらないと不安だから練習する」「養育者に叱られるからピアノの練習をやる」という過程を経ると，「ピアノをやらない，やめてしまう」ということになる。一方，その後，「自分にとって重要だからピアノの練習をやる」「自分にとって養育者との関係を良好にするための手段としてだが，やりたいからピアノの練習をする」という過程を経ると，「面白いからピアノの練習をやる」ということになる。後者の場合では，最終的に「面白いから自らやる」こととなり，内発的動機付けに変わったといえる。これは**自己決定理論**（図10-3）と呼ばれ，子どもの自己決定の程度が重要であることを示している。

　内発的動機付けを高めるためには，**自律性欲求，コンピテンス欲求，関係性欲求**を満たすことが重要であるといわれている。自律性は，自らのことは自らコントロールできる能力である。コンピテンスは，環境と効果的にかかわろうとする能力である。関係性は，他者との関係を築いていくことである。子どもの内発的動機付けを高め，自ら行動していくようにするためには，この3つの欲求の充足が重要であるという考え方である[11]。

　具体的には，まず目標や課題を自分で選択や設定できるようにしてあげることによって，自律性欲求が満たされる。次に，手ごたえを感じられるように，その子どもにとって適切な難易度の課題を与えたり，子どもの行った結果に対して肯定的な評価を返してあげたりすることによって，コンピテンス欲求が満たされる。最後に，養育者や保育者が子どもに関心を向けることや，周りの友だちから受け入れられたり，認められたりすることで関係性欲求が満たされる。この観点は，第12章で述べる「気になる」子どもや発達障害のある子どもへ

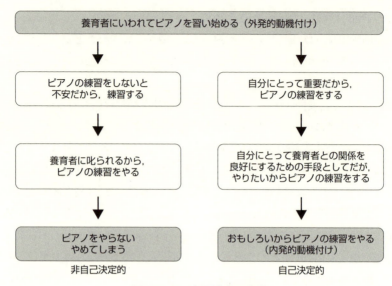

図 10-3　自己決定の段階
［上野淳子（2008）意欲と動機づけ．本郷一夫・八木成和編：シードブック 教育心理学，第3章，pp.28-39，建帛社 を修正して作成］

の支援においても大切な考えである。

(4) 達成動機とは

達成動機とは，その文化において優れた目標であるとされる事柄に対して，卓越した水準でそれを成し遂げようとする意欲であるといわれている。達成動機は，マクレランド（McClelland, DC）らが，**TAT（主題統覚検査）**という**投影法**を用いて測定したり，**質問紙法**を用いて測定したりしている[12]。

達成動機では，成し遂げようとする意欲が重視されている。そのためには，目標を設定することが大切となる。よい評価を得たいというのは**遂行目標**と呼ばれ，自分の能力を伸ばしたいというのは**学習目標**と呼ばれる。どのような目標をもつかによって，その後の行動が変わってくるのである。つまり，遂行目標をもつ人は，自分の能力に自信があれば課題に取り組むが，その課題をやり遂げる自信がないと失敗するかもしれないと考えて挑戦しないのである。一方，学習目標をもつ人は，自分に力を付けるために何でも挑戦してみようとするの

で，新しい課題にも取り組むのである．

(5) 求められる保育とは

　子どもが学び，発達していくためには，目標をもち，子どもの自己決定に基づきながら，自律性欲求，コンピテンス欲求，関係性欲求を満たすような保育が求められるといえる．この時，保育者や養育者は，子どものできないことに意識がいきがちであるが，子どもは何ができるようになったかに保育者や養育者が気付ければ，そのことを子どもと共有し，子どもの意欲を高めていくことができる．

■引用文献
1) 佐藤淳（2008）学習の原理．本郷一夫・八木成和編：シードブック 教育心理学，第2章，pp.13-27，建帛社．
2) 長谷川浩（1993）知能診断検査．岡堂哲雄編：こころの科学増刊 心理テスト入門，pp.16-22，日本評論社．
3) 佐藤達哉（1997）知能指数，講談社．
4) 吉國秀人（2008）知能と学力．本郷一夫・八木成和編：シードブック 教育心理学，第4章，pp.40-53，建帛社．
5) Flanagan, DP & Kaufman, AS（2009）Essentials of WISC-Ⅳ Assessment, Second Edition, John Wiley & Sons（フラナガン，DP & カウフマン，AS，上野一彦監訳（2014）エッセンシャルズ WISC-Ⅳによる心理アセスメント，日本文化科学社）．
6) 平川昌宏（2018）知能の発達．本郷一夫編：発達心理学，第4章，pp.54-66，遠見書房．
7) 蟹江教子・岩﨑香織（2013）学力は変化するか？．耳塚寛明編：学力格差に挑む，2章，p.17，金子書房．
8) 文部科学省（2007）初等中等教育の一層の充実のために．平成18年度文部科学白書，第2部第2章，p.95，文部科学省．
9) 文部科学省（2017）社会的・経済的価値をはぐくむ文化政策の展開．平成29年度文部科学白書，第1部特集1，p.50，文部科学省．
10) 文部科学省・厚生労働省（2017）幼稚園教育要領・保育所保育指針〈原本〉

平成29年告示，チャイルド本社．
11) 上野淳子（2008）意欲と動機づけ．本郷一夫・八木成和編：シードブック 教育心理学，第3章，pp.28-39，建帛社．
12) 塹江光子（1995）子どもに内発的な意欲を．梶田叡一編：教育心理学への招待，4章，pp.65-86，ミネルヴァ書房．

第11章
生活と遊びを通した学び

1. 生活と遊びを通した学びとは

(1) 生活と遊び

　幼児期の子どもは，表象機能を獲得し，言葉も劇的に増加するため，認知発達は著しい（詳しくは，第4〜6章を参照）。しかしながら，論理的な思考に関しては未だ不安定な状態であり，直接経験に影響されるところが大きい。そのため，幼児期の子どもには直接的な経験・体験が必要であり，直接経験すること，五感を使って感じることで，新たな気付きが生まれ，さらに豊かな思考が育まれる。思考だけではなく，情緒や社会性の発達に関しても同様である。
　子どもにとって日々の生活は，まさに直接的な経験・体験そのものなのである。子どもは，日々の生活の中で夢中になって遊ぶ。子どもにとって遊びは，生活から切り離して考えることのできない活動である。だからこそ保育所や幼稚園，認定こども園においては，遊びを中心として日々の保育が営まれている。幼児期の子どもは遊びを通して直接体験を積み重ねることが大切である。
　遊びについては，これまでさまざまな議論がなされてきているが，本章では，「保育における子どもの遊び」として考えてみたい。

1) 遊びとは

　岡本は，遊びを次の4点でとらえている[1]。①遊びは，遊び自体が目的となって営まれる活動であること，②遊びは，「自発性」が強く，「開放度」が高いこと，③遊びは，「自由度」が高く，「可変性」に富むこと，④遊びは，「快適」で「楽しい」感情に彩られて進行すること，と述べている。ルビン（Rubin, KH）らも，岡本とほぼ同じように，「楽しいこと」「内的に動機付けられてい

ること」「強いられるのではなく自由に選択できること」「日常から切り離された活動であること」「主体的に没頭すること」と定義している[2]。

2) 遊びの発達的視点

遊びをとらえる発達的視点は，3つある[3]。

第1の視点は，「結果としての遊び」であり，これは遊び自体にみられる発達をとらえる視点である。ピアジェ（Piaget, J）は，遊びを「実践の遊び（感覚運動遊び）」「象徴遊び」「ルール遊び」の3つに分類し，これらが段階的に発達するととらえている[4]が，これは結果としての遊びの視点といえるだろう。

第2の視点は，「手段としての遊び」であり，これは遊びが子どもの発達に影響を及ぼす，または遊びを通して発達を考えるという視点である。保育所保育指針[5]の保育の方法においては，「乳幼児期にふさわしい体験が得られるように，生活や遊びを通して総合的に保育すること」が留意点として書かれており，保育には後者の視点が重要であることがわかる。

第3の視点は，「社会・文化としての遊び」であり，遊びは現実から切り離された活動ではあるが，それでも現実と無関係に成立しているのではなく，社会や文化の文脈の中に埋め込まれて成立しているという視点である。子どもは大人のまねをしたり，ままごと遊び等をしたりしながら，その社会・文化の規範や慣習を獲得していくのである。保育における遊びを考える際に，生活と遊びを切り離して考えることができないのは，この第3の視点からもわかる。

本章では，「手段としての遊び」の視点を中心に子どもの生活と遊びから得られる学びについて考えていくが，もちろん保育を計画する上では，「結果としての遊び」「手段としての遊び」「社会・文化としての遊び」のすべての視点からとらえなければならないことはいうまでもない。

(2) 遊びと学び

さて，遊びが主体的で自由であることは前述したとおりであるが，子どもは遊ぶだけで学ぶのだろうか。保育や教育に携わっていると，ある特定の限られた種類の遊びだけを学びのある遊びととらえていると思うことはないだろうか。つまり，保育・教育に特有の「遊び観」のような考え方が，筆者も含め少なからずあるように思うのであるが，一体それはどこからくるものなのであろ

うか。

　汐見は，学びを，対象と自己の心的あるいは身体的関係があるメカニズムをもって変容していくことであると述べている[6]。遊ぶことによって，対象との関係に変化や気付きが生まれることで，初めて学ぶことになるのである，つまり，ただ遊ぶだけでは学びにつながらないのである。私たちが「遊び」，さらにいうと「学びのある遊び」と考えている活動は，この変容が子どもに生じるかどうかを基準に考えているのであろう。それゆえ私たち大人は，単に「遊び＝学び」ではないと考えているし，遊びの中には学びにつながらないものもあると考えているのであろう。子どもは真剣に遊び，変容することが求められるのである。前述した「社会・文化としての遊び」の視点には，子どもの変容と社会へ適応する姿を期待する社会や大人の視点も含まれているのではないだろうか。

2. 子どもが遊びを通して学ぶこと

(1) 遊びと幼児期の終わりまでに育ってほしい姿

　これまでの章で述べたように，保育所保育指針[5]，幼稚園教育要領[7]，認定こども園教育・保育要領[8]では，「幼児期の終わりまでに育ってほしい姿」が示されている。

　これに関して，鳥取大学附属幼稚園では，「いま伸びする力」と「あと伸びする力」をどのように育てるかということをテーマに，幼稚園での3年間の遊びがどのように連続性をもって子どもの発達に影響を与えているのかを検討した[9]。その際，子どものつぶやきや子どもの思い，また，保育者の読み取りや保育者が大切にした援助や環境構成等を，イタリアのレッジョ・エミリアの幼児教育プログラムで使用されている「ドキュメンテーション」のプロセスを取り入れ，可視化した。「ドキュメンテーション」から得られた子どもの姿を，育てたい10の姿に照らし合わせて検討することで，遊びを通した子どもの連続的な学びの姿が明らかとなっている。表11-1は，伝承遊びであるこま遊びから，「幼児期の終わりまでに育ってほしい姿」（本章では10の姿のうち5つの姿を取り上げた）に焦点をあて，子どもの育ちの連続性を明らかにしたもの

である。

表11-1からとらえられるように，子どもは遊びの中でさまざまな学び（気付き）を得ていることがわかる。また同じ「こま遊び」でも，子どもの年齢により学びの内容が異なっていることもわかり，今伸びていることが後に伸びていることにつながり，5歳児の姿はまさに幼児期の終わりまでに育ってほしい姿そのものである。大切な点は，これら学びの姿は，育ってほしい姿にするために保育者が子どもを「遊ばせている」のではなく，子どもが自ら真剣に遊んだ結果，発達に沿った形で獲得している過程であるということである。もちろん，子どもの自ら遊ぶ背景には，子どもが自ら選んだ遊びを通して学ぶためにどのような環境調整が必要か，保育者が日々話し合いを重ねて準備している

表11-1 伝承遊び（こま遊び）から読み取る幼児期の終わりまでに育ってほしい姿

	3歳児	4歳児	5歳児
協同性	友だちが回しているこまに興味をもつ（ドキュメンテーション⑨参照）	友だちの遊んでいる姿を見たり，一緒に競争したりする	友だちの様子を見て教え合い，伝え合う（ドキュメンテーション⑭参照）
社会生活との関わり	保育者が回すこまに興味をもつ	季節の遊びを楽しむ	小学校との交流で，1年生に憧れの気持ちをもつ
思考力の芽生え	こま同士がぶつかったり，物にあたったりして止まることに気付く，逆さにして回るこまを知る	こまの回し方を工夫する	単に回すだけではなく，楽しくなる回し方を考える
言葉による伝え合い	こまの大きさやこまの回り方等気付いたことを自分なりの言葉にする	こまを回せたことやいろいろな回し方を見つけたことを喜んで伝える	こまの回し方を，自分の経験を生かしながら，相手にわかるように話す
豊かな感性と表現	保育者の回しているこまを見て自分でも回したり，ぶつかると止まることがわかると自分でも止めようとしたりする	こまの投げ方，回し方，こまの遊び方を考える	友だちと一緒に新しい遊び方を，工夫して作り出す

［鳥取大学附属幼稚園（2018）「いま伸びする力」と「あと伸びする力」を育てる～遊びの充実をとおして～，鳥取大学附属幼稚園平成29年度研究報告第36集 を参考に作成］

2. 子どもが遊びを通して学ぶこと

〈ドキュメンテーション⑨〉

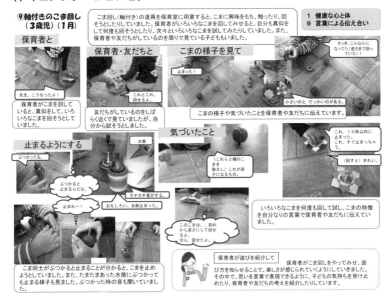

〈ドキュメンテーション⑭〉

のである。保育・教育において生活や遊びを通して学ぶということは，まさにこのようなことなのではないだろうか。

また，小学校学習指導要領[10]では，各教科を学習する際には「主体的・対話的で深い学び」が可能になることが求められている。この深い学びの基礎こそ幼児期の遊びを通して培われるものであり，幼児期だからこそ育つ発達の姿なのである。何でも早く保育・教育すればよいということではなく，幼児期にしかできない経験・体験が，幼児期以降の発達に影響を与えるのである。「遊びを通して学ぶ」という言葉は，今日の保育・幼児教育の中で頻繁に使用されているが，改めて遊びや幼児が主体的に遊び込むことの意義と，そのための環境調整をする保育者の支援を，より慎重に考える必要があることを忘れてはならない。

(2) 遊びとコンピテンス

保育や教育において，**コンピテンス**を育てることも重要なことの1つとされている。コンピテンスとは，生物が環境と効果的に相互作用する能力のことであり[11]，有能感と訳されることもある。

1) コンピテンスの高まり

ホワイト（White, RW）によると，コンピテンスの発達には成熟がかかわっていることは事実であるが，人間が行う複雑な課題の達成には学習が不可欠であると述べている。幼児期および学童期初期の子どもにとって遊びは，このコンピテンスを高めるためのとても重要な活動であると考える。

遊びが自発性の高い活動であるなら，遊びがもたらす環境下において子どもは自発的な活動を誘発し，動機付けられ，環境と相互作用し，そこで体験・経験，すなわち学習したことがコンピテンスを高めることになる。子どもは，色水遊びをしながら花びらから色素を抽出することを知り，濃い色や鮮やかな色を出すには花びらの量や水の量を調整することを知る。よりきれいな色水を作りたい，自分は作ることができると思うことが，色水遊びのさらなる動機付けとなり，コンピテンスが高まっていくのである。

ただし，遊びはそれ自体が目的であるため，目標を定めて遊んでいるわけではない。「赤い花びらを集めて赤色の色水を1リットル作ることが自分たちの

次の学びへつながるぞ」といって色水遊びをする子どもはいない。大切なことは，子どもが自ら動機付けられ，「もっと」「もっと」を繰り返しながら環境と相互作用し，コンピテンスを高めていくそのプロセスであり，子どもがそれを楽しいと思うことなのである。

　さらに，環境との相互作用を通して自分が環境を変化させていることにも気付くのである。色水遊びをしながら，水に色をつけ，色の濃さを変化させ，色の種類を増やしていくこと，それらは自分がやったのだと楽しむこと，満足することが，まさにコンピテンスの高まりである。ホワイトも，重要なことは子どもがどのような目標に動機付けられているかを明らかにすることではなく，相互作用全体をとらえることであると述べている。

2) 社会的コンピテンス

　保育所や幼稚園，認定こども園ではまた，コンピテンスの中でもとりわけ**社会的コンピテンス**に重点をおいて実践している。社会的コンピテンスとは，「円滑な人間関係の実現において，具体的な行動が生起するメカニズムであり，能力的側面や具体的行動が生起する過程」のことをいい，表出される具体的な行動は**社会的スキル**という[12]。子どもの遊びは独り（一人）遊びから集団での協同遊びへと展開していくが，できるようになるからこそ保育所や幼稚園，認定こども園では，子どもの年齢が上がるにつれて集団での遊びが増え，保育者は集団活動や仲間関係を育てるための保育を計画する。したがって子どもは，保育所・幼稚園・認定こども園で日々夢中になって遊ぶことにより，自然とこの社会的コンピテンスが高まることになる。

　加えて，コンピテンスは，**自己効力感**の側面を含んでいる[11]。自己効力感とは，環境を変えているのは自分であるということが認識できることであり，できる自分を認知することである。コンピテンスが高まっていくにつれ，自己効力感，すなわち「できる自分」を認識することもできるようになると，自分のことを肯定的にとらえる機会も増え，**自己肯定感**の高まりにもつながるのではないだろうか。

　さらに社会的コンピテンスや社会的スキルといった対人関係における育ちの具体的な姿として**協同性**がある。協同性は，幼児期の終わりまでに育ってほしい姿にも含まれ，保育所保育指針，幼稚園教育要領，認定こども園教育・保育

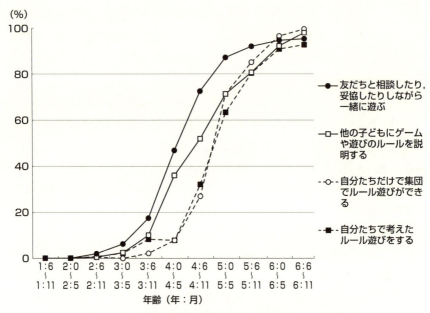

図11-1 集団活動や子ども同士の関係における育ち
[本郷一夫, 他（2015）保育場面における幼児の社会性発達チェックリストの開発. 東北大学大学院教育学研究科研究年報, 64（1）, 45-58 をもとに作成]

要領では,「友達と関わる中で, 互いの思いや考えなどを共有し, 共通の目的の実現に向けて, 考えたり, 工夫したり, 協力したりし, 充実感をもってやり遂げるようになる」こととしてとらえられている. 図11-1は, 幼児期の子ども同士の関係や集団活動に関する項目における年齢群ごとの通過率を示したものである[13]。

図11-1からわかるように, 幼児期後半になると集団でルール遊びができるようになる. また, そのルールを自分たちで相談しながら作成したり変更したりすることも可能になる. トラブルが生じれば, 大人の介入なしに相談や時には妥協をしながら調整することも可能になる. これらはすべて幼児期に充実した遊びを経験するからこそ可能になる幼児期の発達の姿である.

3. 小学校との接続

（1）生活科を活用した接続

　最後に，遊びを通した学びと小学校への接続についても考えてみたい。

　幼児期後半になると，保育所・幼稚園・認定こども園は，就学を見通した保育にあたらなければならない。保育所保育指針，幼稚園教育要領，幼保連携型認定こども園教育・保育要領の総則には，小学校との接続について述べられており，小学校教育が円滑に行われるよう，小学校教師との意見交換や合同の研修の機会などを設け，幼児期の終わりまでに育ってほしい姿を共有するなど連携を図り，小学校教育との円滑な接続を図るよう努めることとある。したがって，保育者は，遊びを通して子どもが学ぶ過程を小学校教師に伝えられるようにしておかなければならない。

　また，小学校学習指導要領の総則でも，就学前の保育・教育施設との接続について述べられており，教科の中でも特に生活科を中心とした指導の工夫や指導計画の作成に配慮して接続を図るということが述べられている。生活科は，小学校の低学年にのみ設定されている教科であるが，児童期初期の子どもの発達に鑑み，直接体験を重要視し，そこから得られる気付きを学習の成果とし，幼児期の発達の姿を残しつつ小学校へ入学してくる子どもに対して配慮するとともに，合科的科目として他教科との関連を考えながら児童が学習しやすいように進めることを大切にしている科目である。そのため，小学校学習指導要領では「低学年における教育全体において，例えば生活科において育成する自立し生活を豊かにしていくための資質・能力が，他教科等の学習においても生かされるようにするなど，教科等間の関連を積極的に図り，幼児期の教育及び中学年以降の教育との円滑な接続が図られるよう工夫すること。特に，小学校入学当初においては，幼児期において自発的な活動としての遊びを通して育まれてきたことが，各教科等における学習に円滑に接続されるよう，生活科を中心に，合科的・関連的な指導や弾力的な時間割の設定など，指導の工夫や指導計画の作成を行うこと」と，遊びを通しての学びとそこから育まれる幼児期の終わりまでに育ってほしい10の姿を理解する重要性が述べられている。

幼児期と児童期の接続には，生活科をうまく活用しながら，保育所・幼稚園・認定こども園と小学校は連携を進めてほしい。また，アプローチカリキュラムやスタートカリキュラム（第13章, p.146参照）についても検討してほしい。

(2) 幼児期の遊びと児童期の遊び

　本章では，保育における遊びと遊びを通した学びについて考えてきた。就学前の「遊び」と就学後の「遊び」ではとらえ方が異なる部分もあり，これまでは就学前後の接続の際に「遊び」という言葉を使用することにより誤解が生じることもあった。しかしながら，小学校学習指導要領でも遊びの大切さ，また幼児期の終わりまでに育ってほしい姿の受け止め等が指導の配慮としても取り上げられており，保育における遊びは単なる余暇ではないことが広く理解されてきている。やはり，子どもは「遊びを通して学ぶ」のであり，「遊び」は幼児期の重要な活動である。

　就学前教育や保育は，小学校への準備をするためだけにあるのではない。子どもには，何でも早くできるように保育・教育するのではなく，子ども一人ひとりの育ちに寄り添いながら，今必要な子どもの育ちの姿を，遊びの中でたくさん育まなければならない。それには，保育者が子どもの発達や遊びを通して何が育つのかをしっかりと把握しておく必要がある。昔は地域の中で地域の人が子どもを育てた。子どもが道端でいたずらをすれば叱ってくれる大人もまた道端にいた。地域とのつながりが希薄になっているといわれている現代社会において，保育所・幼稚園・認定こども園等の保育および教育施設は，子どもやその保護者にとって大変重要な場所となっているのである。保育者は，子どもの豊かな発達のために豊かな環境を整えなければならない。そのためにも保育者自身が生活の中で五感を常に張り巡らせて自分自身を豊かにしておかなければならない。四季の移り変わり，自分が使用している言葉の豊かさに気付く感性を，保育者もまた日々の生活の中で子どもとともに豊かにしてほしい。子どもにとっての「遊び」は余暇活動とは異なる意味をもち，幼児期だからこそ経験しなければならないことなのである。

■引用文献

1) 岡本夏木（2005）なぜ遊びか．幼児期—子どもは世界をどうつかむか—，Ⅱ章，pp.67-116，岩波新書．
2) Rubin, KH, Fein, GG & Vandenberg, B（1983）Play. *In* Mussen, PH（Series Ed.）& Hetherington, EM（Vol. Ed.）: Handbook of Child Psychology（Vol.4），pp.693-774, New York Wiley.
3) 本郷一夫（2004）子どもにとっての遊びと成長・発達．小児看護，27（3），298-302．
4) ピアジェ, J, 大伴茂訳（1967）第二あそびの分類—言語がはじまってからの進化—．遊びの心理学，pp.42-120，黎明書房．
5) 厚生労働省（2017）平成29年告示　保育所保育指針．
6) 汐見稔幸（2004）遊びと学び．初等教育資料，No.784，78-84．
7) 文部科学省（2017）平成29年告示　幼稚園教育要領．
8) 内閣府，文部科学省，厚生労働省（2017）平成29年告示　幼保連携型認定こども園教育・保育要領．
9) 鳥取大学附属幼稚園（2018）「いま伸びする力」と「あと伸びする力」を育てる〜遊びの充実をとおして〜，鳥取大学附属幼稚園平成29年度研究報告第36集．
10) 文部科学省（2017）平成29年告示　小学校学習指導要領．
11) ロバート, WW, 佐柳信男訳（2015）満足している子どもの遊びとコンピテンス．モチベーション再考　コンピテンス概念の提唱．4，pp.51-60，新曜社．
12) 久木山健一（2012）社会的スキルと社会的コンピテンス．陳惠貞・浦上昌則・高村和代・中村素之編：コンピテンス—個人の発達とよりよい社会形成のために，第2章5，pp.109-118．ナカニシヤ出版．
13) 本郷一夫・飯島典子・高橋千枝・小泉嘉子・平川久美子・神谷哲司（2015）保育場面における幼児の社会性発達チェックリストの開発．東北大学大学院教育学研究科研究年報，64（1），45-58．

第12章
特別な配慮を必要とする子どもの特徴と支援

　日本で障害児といわれる子どもを含む統合保育が制度化されたのは1974（昭和49）年であり，すでに40年余りの歴史がある。本章では，主に知的障害と発達障害ないしはその傾向をもつ子どもの保育における理解と配慮について学び，これから目指すべき保育を展望する。

1. 知的障害・発達障害と「気になる」子ども

(1) そもそも障害とその支援とは

　「障害」を知らない人はいないだろうが，では「障害」とは何かと問われると説明はかなり困難であるし，実は概念的にさまざまな考え方もある。保育者を目指す人間として，障害の2つの側面と概念を知っておく必要がある。
　1つは，**障害の医学（医療）モデル**で，これは障害を個人に属するものとして考え，個人を治療ないしは訓練して障害を軽減することを支援とする考え方である。もう1つは，**障害の社会モデル（生活モデル**ともいう）で，これは障害を個人と社会の相互作用にある障壁であるととらえ，個人を治療・訓練するのではなく，社会の障壁を取り除き，生活しやすくすることを支援とする考え方である。この2つの側面を検討することは，保育の現場でも非常に重要である。例えば，ダウン症（後述）のために手指が思うように動かせない子どもが，朝の身支度の時に自分では備え付けのタオルかけにタオルがかけられないとする。その時に，その子どもの手指の動きを訓練するのが医学モデルの考え方で，タオルかけをその子どもがかけられるように取り替えるのが社会モデルの考え方である。
　保育の現場では，この時に保育者や周りの子どもが代わりにかけてあげると

いう選択もあるかもしれない。この場合「タオルかけにタオルをかけられるようになる」ということがこの子どもにとってどのような意味があるのか，今その子どもがもつ発達課題は何なのかを考え，何を目指しての支援なのかを明確化した上で，支援の方向性を選んでいくことになるだろう。少なくとも「できないことをただやってあげる」ことが支援にならないことを肝に銘じたい。

(2) 知的障害のある子ども

　知的障害とは，①知的な機能（理解，記憶，学習など）に遅れがある，②そのために生活や学習，コミュニケーションなどに支障がある，③発達期に現れる，の3点を満たす状態像をいう。原因はさまざまだが，原因が明確なものよりわからないものの方がはるかに多い。乳幼児期の子どもであれば，運動や言葉などの発達がほかの子どもよりもスローペースなところから気付かれることが一般的である。ただし，知的障害と定型発達（通常の発達）とは，明確なボーダーラインがないため，軽度な知的障害やボーダーラインにいる子どもで，集団生活やコミュニケーションに大きな困難をもっていなければ，保育の中では目立たず，就学してから学習面の遅れで気付かれることもある。

　ダウン症候群（ダウン症）は，知的障害の範疇に入れられるが，知的な力は個人によってさまざまである。原因は染色体異常で，生後間もなく診断がつくため，入園時には診断されていることがほとんどである。子どもによって状態像は異なるが，からだが非常に軟らかいために運動発達全般が遅れることと，口腔機能の発達も遅れるために離乳がなかなか進まなかったり，言葉が出てきても発音が不明瞭であったりすることが一般的である。対人的には人が好きで，まねが得意な子どもが多い。

(3) 発達障害のある子ども

1) 乳幼児期の診断名

　乳幼児期につく発達障害の診断名は，ほぼ次の3つである。

　a. 自閉スペクトラム症（ASD）：いわゆる「自閉的な子ども，自閉傾向をもつ子ども」である。対人・コミュニケーション面の困難と，感覚過敏や鈍麻，こだわりの極端な強さなどで診断される。しかし，同じ診断をもっていても子

どもの個性は実にさまざまで、人とあまり交わらずに一人でもくもくと遊ぶ子どももいれば、人が大好きで上手ではなくても自分から積極的にアプローチする子どももいる。いろいろなことに過敏ですぐにパニックを起こす子どももいれば、常に穏やかで従順な子どももいる。多弁で常にしゃべっている子どももいれば、言葉をもたない子どももいる。診断名で判断するのではなく、一人ひとりの個性をつかむことが必要である。

b. 注意欠如多動症（ADHD）：多動性、不注意（注意集中できない）、衝動性のいずれかの傾向が、年齢に照らしてはなはだしい時に診断される。ほかの発達障害も同様であるが、特にADHDは、周りの環境や対応が子どもに合っていない場合に特徴的な行動が強く出る傾向がある。

c. 発達性協調運動症（DCD）：日本の発達障害者支援法にはこの障害は明記されていないが、国際的な診断基準では、発達障害（神経発達症群）の中に含まれる障害である。走る、飛び降りるなどのシンプルな動きはできても、からだの各部分を協調しながら行う運動、例えば三輪車をこいだり、ボールを投げたりなどの動作がはなはだしく困難な状態を指す。日常生活上の、衣服を着る、茶碗を持って食べるなどの行動もうまくできないことが多い。視覚と運動の協応、聴覚と運動の協応も未熟なため、ボールを受け取ったり、音楽に合わせて踊ったりすることもなかなか向上しない様子がみられる。

2）発達障害全体について

発達障害の診断名について概観したが、発達障害のある子どもを診断名で理解しようとするのは危険である。なぜなら、特に幼い子どもの場合、発達像そのものが成長とともに変化していく可能性が高いこと、ASD、ADHD、DCDは互いに重なっている（それらの特性を併せもっている）ことが多いこと、そして、診断基準にはない下記のような特性を、どの診断名の子どももっている可能性が高いためである。ただし、どの子どももすべての特性をもっているとは限らない。

a. 感情や力、動きのコントロールの困難：自分の感情に気づくこと、それを適切に表出することが困難で、突発的に感情が高ぶってしまったり、一度興奮するとなかなか落ち着かなかったりする。動きや力、声の大きさなどのコントロールも苦手である。

b．**刺激・情報の量の影響を強く受ける**：人や雑音の多い場所と静かな個室では別人のようになる子どももいる。全体的に発達障害のある子どもは，周りからの情報を適切に整理することが苦手なため，情報が多いだけで混乱したり興奮したりすることもある。
　c．**認知のアンバランス**：例えば，文字はスラスラ読むのに人の話を聞くことができない子どもや，歌はいくらでも覚えられるのに物のしまい場所をなかなか覚えられない子どもなど，「これができるのに，どうしてそれはわからないのか？」と思わせられる子どももいる。
　d．**姿勢の保持が苦手**：じっと座っていること，じっと立っていることができず，姿勢が崩れがちである。からだのどこかを常に動かしている子どももいる。

(4)「気になる」子ども

　診断名がつくほどのはっきりした発達の特性をもっているわけではないが，保育上対応が難しい，何か気になる子どもは，障害が明確な子どもよりはるかに多い。こうした子どもは，保育の中で「気になる」子どもとして，支援のあり方がさまざまに検討されてきた。
　知的障害も発達障害も定型発達と明確な境界線はなく，子ども一人ひとりが固有の発達的特性をもっているのであるから，そうした特性がほかの子どもよりも少し強かったり特異であったりする子どもがいるのは当然のことである。また，乳幼児は特に環境の影響を直接に受けるため，本来は発達特性が強くなくても，例えば家庭の状況が不安定になれば，それはそのまま子どもの多動性や不注意などの行動に直結する。保育者にとって「気になる」子どもというのは，その背景にさまざまな要因をもつ，保育上個別の配慮を必要とする子どもの総体である。
　したがって，「気になる」子どもが固定的に存在しているわけではなく，どの子どもも「気になる」子どもになり得る可能性がある。

2. 保育における配慮と支援

(1) 子どもを理解する

子どもに障害の診断名がついていてもいなくても，「知的障害の子ども」「気になる子ども」などとレッテルを貼って支援するマニュアルなどは存在しない。もとより保育の中での子どもの支援は，「障害」への支援ではなく，あくまでも子どもの生活の支援であり，これから伸びようとする子どもの力の後押しである。支援の始まりも「保護者が認識してから」や「診断がついてから」ではなく，当の子どもが保育の中で困っているということを保育者がキャッチした時から始められるべきである。

1) 理解する時に忘れてはならないこと

目の前の子どもを理解する時に，定型発達の子どもであっても障害のある子どもであっても変わりはなく，その子どもの背景を頭の中において今現在の子どものおかれている状況を考え，その中での子どもの気持ちに寄り添いながら手立てを考えていくのである。子どもの姿や行動を理解する時に，忘れてはならないことは次の2点である。

a. **子どもの行動には，必ずその子どもなりの理由や意味がある**：発達特性の強い子どもは，保育者から見るとわけのわかりにくい行動をするものである。しかし，「理由のない行動」は実は存在しない。したがって，適切な支援のためには，その子どもの行動の理由や意味を知ることが必要である。常に「なぜ？」と問いかけつつ対応したい。

b. **子どもが園で行う行動には，必ず園に原因や誘因がある**：これは「園が悪い，園のせいだ」ということではない。家庭の状況が複雑な場合，どうしても家庭に原因を求めがちになるが，園における子どもの行動に対して，園生活の状況や環境が影響していないはずがない。そうした意識で保育を見直すことが，保育力を向上させる大きな力となる。最も残念なのは，家庭に原因を求めたり，「パニックを起こすのはASDだから」などと子どものもつ障害のせいにしたりして，保育をよりよいものにしていく力を損なうことである。

2) ほかの子どもと異なる発達特性をもつ子どもの行動を分析する

しかしながら，ほかの子どもと異なる特性をもつ子どもを理解していくのは，なかなか難しいものである。子どもの行動の背景を図12-1[1]のように整理していくと，保育の道筋が見えてくるかもしれない。

図中の「子どもの姿」とは，私たちの目に映り，耳に聞こえる子どもの行動，表情，言葉等のすべてを指す。「現在の環境」は，子どもを取り巻く環境を指し，大きくは園の環境と家庭環境である。ただ，前述したように，園で起こる子どもの行動には必ず園の環境が影響しているため，まずは園環境を考えるべきである。「子どものもって生まれた資質・素質」は，発達障害の傾向をもつ子どもの対人関係の困難さや多動性などの要素だけでなく，もって生まれた力や長所も含む。この部分は本来的なものであるので，子どもの成長とともに変化はするが，周りの大人が変えようと思っても基本的には変えられない。そのため，その特性をもつ子どもとして，環境や対応を配慮していくべき部分である。「子どもが学んできたもの・学んでこなかったもの」は，子どもがこれまでに学習して身に付けたこと，その特性のために適切に学習できなかったことを指す。子どもによっては，例えば，自分の要求を通すために泣きわめくなどの行動を身に付けて（学んで）しまっていることがある。これは，子どものもつ発達の特性を背景にして，適切な要求手段を学んでこられなかった（**未学習**という）ことであり，同時に不適切なやり方を学んでしまっている（**誤学習**という）ことでもある。こうした行動はもって生まれたものではないために，保育の中で

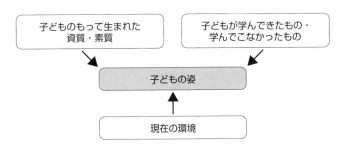

図12-1　目の前の子どもの姿から全体像を描く

［市川奈緒子（2018）療育・発達支援にかかわる職種とその役割　1. 心理職．市川奈緒子・岡本仁美編：発達が気になる子どもの療育・発達支援入門，p.41，金子書房］

適切な行動を再学習することができる。つまり,「障害を治す」ことはできないが,そのために子どもが困っていることに対する配慮と,もし子どもが誤ったことを学んでしまっていたとしたら,その再学習を保育の目標として設定することができるのである。

3）試行錯誤しながら子どもを理解していく

一人ひとりの異なる発達特性と,その子どもなりのさまざまな人生経験をもつ子どもたちを的確に理解することは,やはり難しいことである。では,どうするのか。保育者は子どもと日々生活経験をともにし,そこで味わう感情を共有する稀有な専門家である。その中で,保育者として誠実に子どもに相対しながら,その時に最善と思われる支援を選択し（保育仮説を立て）,実行することである。その結果,よりよい選択肢が見つかる（仮説の立て直し）かもしれないし,その選択肢が現在のところ有効であることが明らかになるかもしれない。大切なのは,「結果的にうまくいく」ことよりも,真摯に子どもに向き合い,理解しようと努力することによって,子どもとの信頼関係をつむぎ,子どもが保育者を「自分の味方」と認識できることである。

筆者の知っているある保育者は,ASDの診断をもつ子どもを保育している時に,その子どもがどうしても列に並ぶことができなかったため,一番前に並ばせてみたそうである。すると,その子どもはその場にとどまることができた。次に保育者は,その子どもを列の2番目に置いてみた。そうするとまた,その子どもはその場にいることができた。さらに保育者は,その子どもを列の3番目に置いてみた。すると,その子どもは列から離れてしまった。その保育者は「3番目になると,自分がどこにいたらいいかわからなくなってしまうようだ」と述べていたが,こうした何気ない保育の工夫や試行錯誤が,その子どもの混乱の原因を突き止め,次の手立てを考える重要な示唆を生むとともに,子どもと保育者とのきずなを作っていくのである。

（2）支援のポイント

支援の柱となるものは次の4点である。

1）子どもにとってわかりやすい環境

これは,どの子どもにとっても保育の基本である。特に知的障害や発達障害

の傾向のある子どもは，総じて周りからの感覚情報（視覚・聴覚・触覚・味覚・嗅覚の五感やほかの身体感覚がある）を適切に取り入れ，整理をし，意味付けていくことが困難であるため，無駄に多い情報は混乱やパニックなどを生む。そのため，園の物理的な環境を整備することが第1の配慮である。何がどこにあるのか，あるべきかがわかりやすい環境は，子どもが主体的に遊びたいものを選び，集中して遊び，それを終えて片づける行動をとるための土台ともなる。

2）子どもにとってわかりやすく使いやすいコミュニケーション

同じ内容を伝えるにも，説明の際の言葉の量や話す順番などを変えるだけで伝わりやすさが大きく変わってくる。また，言葉（音声言語）はすぐに消えてしまうため，聞きそこなったり，聞いても忘れたりすると，結局わからないまま子どもは行動しなければならない。そうした「聞く」ことに困難をもつ子どもがいる場合には特に，写真や絵などの視覚的な補助ツールが有効である。

3）見通しをわかりやすく伝える

次の活動の見通しがついていないと不安になってしまう子どもや，自分で次の活動のイメージを明確に作ってしまってそれができないとわかるとパニックを起こす子どももいる。現在の活動はどこまでなのか，それが終わると何をするのか，または終わって待っている時には何をすべきなのかなど，集団生活上の活動の流れで身に付けてほしいことは，できるだけ子どもの理解できるやり方で示していく。そうすることにより，無用に混乱させてしまうことを避けられる（図12-2)[2]。

4）子どもの好きなものや長所を生かす

ここまで，子どもたちのもつ困難さを中心に説明してきたが，子どもの発達支援の基本は，「子どもが自分のもっている力を発揮するのを援助すること」である。人は，そうした活動や環境で初めて安心し，自己肯定感をもつことができる。子どもの長所，もっている力を的確にとらえ，それが好きな活動の中で生かされるようにすることを考えたい。

以上の4点が保育の中での配慮と支援の基本的な柱であるが，定型発達といわれる子どもにとっても配慮すべき点であることが理解されるだろう。子ども理解を深めつつ，それぞれの子どもにカスタマイズされた柱を子どもたちと一

図12-2　1日のスケジュールボードとそこに使われている行事のカード
［岡本仁美（2018）さまざまな支援技法　2. それぞれの支援方法について　(1) TEACCHプログラム，市川奈緒子・岡本仁美編：発達が気になる子どもの療育・発達支援入門，p.89，金子書房］

緒に立てていくことが，すなわち支援なのである。

3. 園内連携，他機関との連携

(1) 園内の連携

　自治体によって制度の内容は異なるが，障害のある子どもが入所した時に，必要に応じてプラスアルファの保育者がその保育所に配置されることがある。これは一般に，**加配の保育者**と呼ばれる。加配の保育者の役割は，自治体や園の考えや子どものニーズによって多少異なるが，要するにその子どもの困難を減少させるための援助を行うことである。加配の保育者がいる場合には，対象となる子どもが加配の保育者との一対一の関係になって，ほかの子どもたちと別行動，いわゆるお客さん状態にならないように，十分配慮しなければならない。担任保育者と加配の保育者で協議して，対象となる子どもも含めた全体の保育計画を立てていくことが必要である。

　また，2007（平成19）年度から始まった，一人ひとりの教育支援ニーズに応じた特別支援教育における特別支援教育コーディネーターと同様の機能をも

つ**特別支援（保育）コーディネーター**を配置する保育所も出てきている。特別支援（保育）コーディネーターは，園全体の特別な配慮を必要とする子どものニーズをとらえ，各担任保育者たちと支援について検討するだけではなく，必要に応じて外部の機関との連携の窓口にもなる。コーディネーターの配置があってもなくても，配慮を必要とする子どもたちを担任保育者だけで支えるのではなく，園全体で多角的に理解し，支援する体制を作ることが重要である。

(2) 他機関との連携

　現代の子育て環境のさまざまに重層化した問題は，子どもに障害があったり，気になる子どもであったりしても，もちろん同様に存在している。また，そうした家庭を取り巻く問題が子どもの状態像に大きく影響する，つまり，子どもの示す状態の背景に複数の要因が存在する可能性もある。例えば，貧困，地域からの孤立，保護者の精神疾患，家庭内暴力（DV），虐待などである。子どもの障害に関しては，地域の療育機関である児童発達支援センターや児童発達支援事業所，または医療機関との連携が必要になることもあるが，複数の要因が考えられる場合は，優先順位を検討しながら連携していく必要がある。

　自治体によっては，子どもの育ちや障害に関する専門家が巡回相談員として園を訪れ，子どもの観察とアセスメントを行い，現在の状況と重ね合わせながら，園でできる支援について，保育者と協議する**コンサルテーション**を行っている。地域の必要な制度や資源に，保育者としても積極的にアプローチして，総合的に家庭と子どもを支援する姿勢をもちたいものである。また，そうした支援の体制づくりが，保育者のバーンアウトを防ぐことにもつながるのである。

4. 障害のある子どもの保護者支援，家族支援

(1) 保護者を理解する

　子どもを支援するためには子どもを理解する必要があることと同じように，保護者を支援するためには保護者を理解することが必要である。子どもと同様，保護者，家族もさまざまであるが，子どもに障害がある時の一般的な保護者の心理について考えたい。

1) 保護者の障害受容

障害受容とは，自分や家族の障害を理解し，感情的に認め，受け入れることである。障害受容に関するモデルはさまざまあるが，最も有名なのは，ドロター（Drotar, D）という医師が1975年に唱えた「障害受容の段階説」である（図12-3）[3]。この説は，障害がわかった時や告知された時に，保護者はショックを受けるが，その後，否認（障害を認めない），悲しみと怒り，適応と段階を追っていき，最後は再起にたどり着くという考え方である。これに対して，オーシャンスキー（Olshansky, S）というソーシャルワーカーは，慢性的悲哀という概念を唱えた。これは，保護者は，一生涯寄せては返す波のように，気持ちの浮き沈みを繰り返し，その繰り返しこそが障害受容の過程であり，しかもその底には常に悲哀があるというモデルである。

保護者によって，子どもの障害の受け止め方，理解の仕方は著しく異なるが，日本の社会では一般的に保護者の障害受容は大きな困難を伴い，何年もかかる過程であるといわれる。障害受容には，保護者の周りのサポートのあり方が大きく影響すること[4]，また障害受容の困難にはその社会における「障害」に対するスティグマが大きくかかわっていること[5]を忘れてはならないだろう。

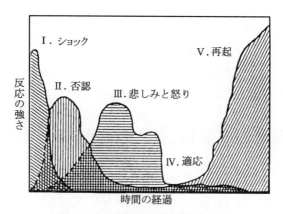

図12-3　障害受容の段階的モデル

[Drotar, D, *et al.* (1975) The adaptation of parents to the birth of an infant with a congenital malformation: a hypothetical model. *Pediatrics*, **56** (5), 710-717]

2) 障害のある子どもの育児の困難

　数ある障害の中で，知的障害と発達障害は見た目ではわからず，最も理解しにくい障害の一つといえる。特に知的には遅れのない発達障害のある子どもには，落ち着きのなさや集団行動のとれなさ，人の言葉がけに対する集中力のなさや応答性の乏しさなど，しつけや性格の問題にみえることがいくつもある。そうした子どもを育てている保護者には，自責の念（自分の育児が間違っているのではないか）と，周りに対するガードの固さ（これ以上傷つけられたくない）が多く存在する。子どもの状態をとても心配しながらも，障害を指摘されたくないための，「気にしていないふり」「気が付いていないふり」もよくみられる。実際に，保育者は保護者が気が付いていないと考えている一方，保護者に対する調査では，保育者が考えるよりもかなり前から子どもの状態に気付き，心配しているという結果が得られている[6]。

(2) 保護者を支援する

　保育者として，どうしたら保護者をよりよく理解し，保護者の気持ちに寄り添うことができるであろうか。まずは，保護者がこれまでどのような思い，どのような苦労をしてその子どもを育ててきたのかをでき得る限りクリアに想像する。そして，現在その子どもと保護者が毎日どのような生活を送っているのかをやはりクリアに想像する。そうすることで，保護者の目線から子どもや今現在の状況をみてみたい。保育者の立場からではなく，視点を変えて保護者の立場からみると，また違ったものがみえ始めるのではないだろうか。

　保護者が園に求める最も大きなことは，保育者がわが子をありのままに認め，大切にして，園生活の中での発達・成長を後押しすること，わが子が楽しく園生活を送ることにほかならない。子どもにとってよい先生，子どもが大好きな先生こそ，保護者が信頼できる先生である。保護者に子どもの障害受容を促すような働きかけを行っても，保護者はそもそもそうしたことをしてほしくなくて，気が付かないふりをしているのかもしれない。「保護者を変える」ことに力を入れるより，子どもを適切に理解し，支援する道を探る努力をすべきである。そうした努力が実を結び，保護者にその姿勢が伝わった時こそ，保護者と保育者との信頼関係を築く土台ができ始める。また，子どもの成長を信じられるよ

うになり，子どもの味方になってくれる保育者の存在を感じることほど，保護者に希望をもたせ，エンパワメントできるものはないのである。

5．これからの保育

　近年，インクルーシブ保育が目指されている。統合保育は健常児といわれる子どもの中に障害児が入るという考え方のもとでの保育であるが，インクルーシブ保育は，そもそも子どもは皆違うという考え方のもとでの保育である。一人ひとりの子どもがそれぞれ異なる素質と異なる人生をその子どもなりに歩み，異なる考え方や性格を育んでいく。そうした違いがあるからこそ，子どものもつ個性を大切にする保育，違いを認め合い，その中で「和」を探って大切にする保育[7]を目指したいものである。

■引用文献
1) 市川奈緒子（2018）療育・発達支援にかかわる職種とその役割　1. 心理職. 市川奈緒子・岡本仁美編：発達が気になる子どもの療育・発達支援入門, p.41, 金子書房.
2) 岡本仁美（2018）さまざまな支援技法　2.それぞれの支援方法について（1）TEACCHプログラム. 市川奈緒子・岡本仁美編：発達が気になる子どもの療育・発達支援入門, p.89, 金子書房.
3) Drotar, D, Baskiewicz, A, Irvin, N, Kennell, J & Klaus, M (1975) The adaptation of parents to the birth of an infant with a congenital malformation：a hypothetical model. *Pediatrics*, **56** (5), 710-717.
4) 桑田左絵・神尾陽子（2004）発達障害児をもつ親の障害受容過程についての文献的研究. 九州大学心理学研究, **5**, 273-281.
5) 市川奈緒子（2016）気になる子の本当の発達支援, 風鳴舎.
6) 厚生労働省雇用均等・児童家庭局母子保健課（2009）乳幼児健康診査に係る発達障害のスクリーニングと早期支援に関する研究成果〜関連法規と最近の厚生労働科学研究等より〜.
7) 井桁容子（2014）療育訓練の前に子育てがある. 白梅学園大学子ども学研究所編：発達障害の再考, 風鳴舎.

第13章
子どもの発達と現代的課題
―子どもの発達と学びの連続性

1. 保育の場における幼児教育の充実

　2017（平成29）年に，保育所保育指針[1]，幼稚園教育要領[2]，幼保連携型認定こども園教育・保育要領[3]が同時改定（改訂）された。この改定（改訂）は，これまでの保育所，幼稚園，認定こども園のもつ特性をふまえ，それを発展させながら，保育施設に共通する保育・教育の根幹を明確にすることで，すべての保育施設の保育内容・方法の基本原理を可能な限り同一とし，良質な保育・教育を提供できるようにすることを目指している。とりわけ保育所保育指針の改定では「幼児教育を行う施設として共有すべき事項」が新設され，幼児教育の一翼を担う施設として，幼児教育において育みたい資質・能力と3歳児から5歳児（3歳以上児）のねらいと内容に示される具体的な事項について，幼稚園教育要領，幼保連携型認定こども園教育・保育要領との整合性が図られ，一体化された。この背景には，乳幼児期の発達と教育の重要性が国際的にも再認識されたことや，日本の教育全体の課題として新しい時代に対応できるものへと転換していくことが求められ，その実現にあたっては乳幼児期からの発達的連続性をふまえた転換が課題になっていることが関係している。

(1) 乳幼児期の発達からの重要性

　乳幼児を対象とした発達研究の進歩とともに，乳幼児が獲得する能力の高さが明らかになっている。例えば，乳幼児期の中枢神経系の発達は目覚ましく，脳重量は出生後増加を続け，12か月で約1,000g，2歳を過ぎると増加速度は低下し，ゆっくりと成人値1,300gに近づいていく。これは脳表面積において

も同様で,乳幼児期以降の発達はそれまでに比べるとごくわずかになる。初期のこのような発達に伴い,乳幼児はヒト,モノ,コトについて理解し,その理解に基づいた見方・考え方を獲得し,その後も状況や場面に応じてより適切に実行できるよう質的に変化をもたらしながら発達していく。このように,発達初期は人の生涯発達における重要な基礎的段階であることが明らかになってきている。

　こうした知見をふまえ,質の高い教育の重要性が国際的にも指摘されているが,ここでいう教育とは,子どもの発達過程に含まれる課題や,発達に伴って生じる興味・関心をサポートし,発達を保障することである。

(2) 教育経済学からの重要性

　教育経済学において,近年,**社会情動的スキル**を幼児期に身に付けることが,大人になってからの生活に大きな差を生じさせるという研究成果が報告され,その育成が国際的に重要視されている。社会情動的スキルは,非認知的スキル,ソフトスキル,性格スキルなどとしても知られている。目標の達成,他者との協働,感情のコントロールにかかわるスキルであり,日常生活のさまざまな状況において現れる（図13-1）[4]。

　認知的スキルは,**流動性知能**と**結晶性知能**で構成されている。流動性知能とは,情報の処理や新しい場面への適応などにおいて正確かつ素早く行う際に必要とされる能力であり,記憶や計算力,図形の弁別,推理などがこれにあたる。結晶性知能とは,過去の経験を通して培われた知識を現実場面で応用する力であり,判断力や習慣,語彙,社会的な能力がこれにあたる[5]。

　認知的スキルと社会情動的スキルは相互に関連し,子どもの頃の認知的スキルと社会情動的スキルのレベルが,それぞれの将来的な発達に大きく影響する。とりわけ,現在の認知的スキルのレベルよりも現在の社会情動的スキルのレベルの方が,将来の認知的スキルのレベルに影響する[4]ことから,国際的にも幼児期からの社会情動的スキルの育成が中心的なテーマになっている。

　また,クーニャ（Cunha, F）やヘックマン（Heckman, JJ）は,乳幼児期の人的資本は生涯にわたって継続するダイナミックなプロセスととらえ,ある発達段階での学習が次の発達段階における学習を生むモデルについて,スキルを

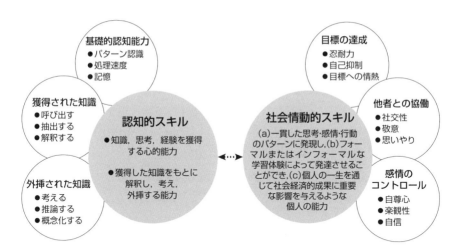

図 13-1 認知的スキルと社会情動的スキルのフレームワーク
［OECD，無藤隆・秋田喜代美監訳（2018）社会情動的スキル：学びに向かう力，明石書店］

図 13-2 スキルがスキルを生み出すモデル
［OECD，無藤隆・秋田喜代美監訳（2018）社会情動的スキル：学びに向かう力，明石書店］

雪玉に置き換えて説明している。すなわち，一握りの雪玉でも地面で転がし続けると雪玉が次第に大きくなり，大きくなるスピードも速くなる。これと同じように，子どもが小さいうちにスキルをしっかりと獲得することが重要であり，そのスキルがその後の発達段階において多くのスキルを発達させていくと考えられている（図 13-2）[4]。

このような実証的研究結果をふまえ，教育は発達段階ごとに独立したものとみなすのではなく，乳幼児期からの連続した発達過程において，それぞれの発達段階ごとに必要な発達が遂げられ，将来の姿につながるよう発達を援助する営みといえる。

2. 次世代教育の一貫性

(1) 資質・能力の一貫性

2017（平成29）年の小学校学習指導要領改訂[6]では，生まれてから大人になるまでの次世代育成の一貫性を系統的に示すために，これまでの「生きる力」は，「育成を目指す資質・能力」として3つの柱に整理された。同時に改定（改訂）された保育所保育指針，幼稚園教育要領，幼保連携型認定こども園教育・保育要領においては，第2章でも述べたように，幼児教育ではこの資質・能力の礎である「幼児教育において育みたい資質・能力」を培い，小学校教育につなぐ役割を担うことが明記された。表13-1には，学習指導要領に示された「育成すべき資質・能力」を並記した。ここから，幼児期から一貫した教育が目指されていることがわかる。

ところで，資質・能力とは，対象が変わっても機能することが望ましい心の働きであり，知識に関する学び方や考え方のことをいう。これまでの知識集約型学力，知性を超えて，個別の知識やスキルを身に付けるだけでなく，それを

表13-1　育成すべき資質・能力の連続

保育所保育指針，幼稚園教育要領，幼保連携型認定こども園教育・保育要領 幼児教育において育みたい資質・能力	学習指導要領 育成すべき資質・能力
知識及び技能の基礎 　豊かな体験を通じて，感じたり，気付いたり，分かったり，できるようになったりする	知識・技能 　何を理解しているか，何ができるか
思考力・判断力・表現力等の基礎 　気付いたことや，できるようになったことなどを使い，考えたり，試したり，工夫したり，表現したりする	思考力・判断力・表現力等 　理解していること，できることをどう使うか
学びに向かう力・人間性等 　心情，意欲，態度が育つ中で，よりよい生活を営もうとする	学びに向かう力・人間性等 　どのように社会，世界と関わり，よりよい人生を送るか

［保育所保育指針，幼稚園教育要領，幼保連携型認定こども園教育・保育要領，小学校学習指導要領］

場面や状況に応じて柔軟に思考する際に活用したり，粘り強く工夫したり，友だちと相談したりしながら，思考力・判断力を伸ばしていく。そのような学びを通じて，さらに知りたい，できるようになりたいという学びの意欲や態度を身に付けていくという側面からなっている。すなわち，認知的スキルと社会情動的スキルを合わせて身に付けていくというものである[7]。

このような学力観が生じたのは，子どもたちは予測困難な社会を生き抜いていかなければならないからである。急速に発展するグローバル社会，知識基盤社会では，答えが見つかっていない複雑な問題に直面する。こうした問題を解決していきながら，持続可能な社会を構築していくためには，言葉，知識，技術，テクノロジーといった道具を活用し，一人ひとりが主体的に考え，他者と協同して新しい考えを創造していくことが求められている。

(2) 発達に応じた資質・能力の育成

保育所保育指針，幼稚園教育要領，幼保連携型認定こども園教育・保育要領に示される「ねらい」は，幼児期において育みたい資質・能力を子どもが生活する姿からとらえたものであり，子どもが身に付けていくことが望まれるものが「内容」である。すなわち，保育施設ではこれらの「ねらい」と「内容」に基づく活動全体を通じて，資質・能力を育んでいく。保育所保育指針，幼保連携型認定こども園教育・保育要領では，施設が0歳児からの保育・教育を行う特性から，「ねらい」と「内容」は「乳児期に係る3つの視点」「満1歳以上満3歳未満に係る5つの領域」「満3歳以上に係る5つの領域」の3つで構成されている。1歳から3歳未満児は5領域で示されているが，3歳以上児と同じ内容ではなく，発達的連続性がふまえられている（図13-3）。

ここからもわかるように，育みたい資質・能力はすべての年齢で同じではなく，一貫した指標をもとに0歳からの連続的な発達過程において系統的に育んでいくものである。その実現にあたっては，保育者の発達に関する理解が不可欠である。

(3) 資質・能力の連続性

資質・能力の3つの柱は，乳児期から大人に至るまでの発達の連続性を明確

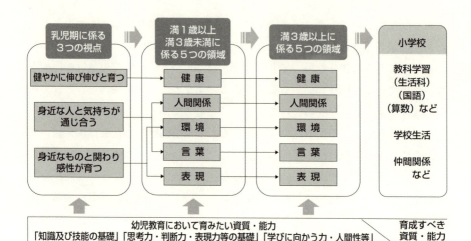

図13-3　3つの年齢わくの領域

［保育所保育指針］

にし，同時に教育によって伸ばしていくべき子どもの力，そのあり方をとらえる基本的な枠組みを示している。表2-2（p.21）で示した「幼児期の終わりまでに育ってほしい姿」は，この資質・能力を5領域の「ねらい」「内容」に即して具体化したもので，5歳児後半に育まれる姿を「健康な心と体」「自立心」「協同性」「道徳性・規範意識の芽生え」「社会生活との関わり」「思考力の芽生え」「自然との関わり・生命尊重」「数量や図形,標識や文字などへの関心・感覚」「言葉による伝え合い」「豊かな感性と表現」の10の姿にまとめたものである。これらは，乳幼児期全体を通して育成する資質・能力を5領域の内容に組み込んだ子どもの活動の様子であり，到達目標ではない。育みたい子ども像と方向性が示された**方向目標**といえる。保育者は「幼児期の終わりまでに育ってほしい姿」を具体的にイメージしながら，その姿に必要な発達と発達の個人差に留意しつつ援助していく。

　加えて，発達は，運動発達，言語発達，認知発達といった領域ごとの発達が関連し合いながら発達する**機能間連関**をふまえなければいけない。10の姿はそれぞれが独立した発達によって生じるものではなく，複数の発達の側面が関連して育まれた**表面的な発達**の姿である。例えば，1・2歳児の洗濯ばさみを使っ

た遊び（図13-4）は，指先の機能の発達を促すことになるが（健康な心と体），その動きの獲得によって指先を巧みに動かして食事や衣服の着脱を保育者の援助を受けながら次第に自分で行えるようになる（自立心）。自らの意思で行動できるようになると，**自己肯定感**が高まり，新しいことに取り組む意欲が育まれる（自立心）。また，洗濯ばさみを順番に並べる経験が順序

図13-4　洗濯ばさみ遊び

性を感覚的にとらえることになり（思考力の芽生え），その後の数量の理解といった認識の発達につながっていく（数量や図形，標識や文字などへの関心・感覚）。

　また，言語発達により語彙（ごい）が増えると，相手に自分の思いを伝えることができるようになる（言葉による伝え合い）だけでなく，感情や思考を言葉で整理できるようになることで，相手の立場に立って考え，共感する認識が発達する。このような認識をもつことにより，友だちと折り合いをつけることやルールを守ることの大切さがわかり，実行できるようになる（道徳性・規範意識の芽生え）。このような他者とのかかわりに必要なスキルを獲得すると，友だちと思いや考えを共有し，一緒に考えたり協力したりしながらやり遂げる（協同性）社会性が発達する。

　このように，10の姿の育ちは，それを支える複数の発達側面があり，関連し合っている。保育者は子ども一人ひとりの発達状態に応じた育ちの目標を立て，その子どもが発達に必要な体験を得られるように環境を整え，働きかける必要がある。

3. 子どもの発達と学びの連続性

(1) スタートカリキュラム

　資質・能力の3つの柱によって，保育施設，小学校，中学校，高等学校を縦

のつながりとして見通すことができるようになり，これまで以上に幼児教育と小学校教育の円滑な接続への取り組みが重要視されている。しかしながら，生活や遊びを通して総合的に学ぶ幼児教育の教育課程と，各教科の学習内容を系統的に学ぶ児童期の小学校教育の教育課程は，内容や進め方が異なるため接続の工夫が必要となる。そこで，小学校教育では**スタートカリキュラム**を編成し，幼児期に遊びを通して総合的に育まれた資質・能力や子どもの成長が各教科の特質に応じて円滑に接続されるよう，生活科を中心とし，合科的・関連的な指導や弾力的な時間設定など，指導の工夫を行うことが求められている（詳しくは第11章参照）。

　一方，保育所・幼稚園・認定こども園では，小学校教育に向けて**アプローチカリキュラム**を編成する。アプローチカリキュラムとは，保育所・幼稚園・認定こども園と小学校の接続のためのカリキュラムであり，特に就学前の幼児に焦点を当てて作成される。各施設・園の特色をふまえるため，その内容や期間は異なるが，5歳児クラスの1年間であれば年度後半に計画されることが多い。保育所保育指針や幼稚園教育要領，幼保連携型認定こども園教育・保育要領に示された保育のねらいや内容を基本にしながら，幼児が安心して小学校へ移行できるようなカリキュラムを作成しなければならない。

　幼児教育において育まれた「興味や関心に基づいた学び」が，スタートカリキュラムによって「興味・関心を生かした学び」へと発展していくためには，子どもの発達と学びの連続性をふまえる必要がある。この時「幼児期の終わりまでに育ってほしい姿」は，保育者と小学校教諭が幼児期の終わり以前から連続する幼児期から児童期への発達の流れを理解するための手がかりとなり，幼小接続の共通言語，説明言語として活用することができる。**幼小接続**は，保育者と小学校教諭が子どもの発達の観点を共有し，幼児教育を通じて発達した姿が小学校という環境の中でどのように機能するのか，あるいは変化していくのかを見通しながら，発達の道筋に沿った保育・教育のあり方をカリキュラムとして編成し実践していくことである。

　栃木県では保育者と小学校教諭がペアになってテーマを決め，そのテーマに沿ったジョイントカリキュラムを作成する研修を行っている。ペアは，幼児教育における**学びの芽生え**が小学校教育における**自覚的な学び**へと向かう子ども

3. 子どもの発達と学びの連続性　147

テーマ：言葉の獲得

〈子どもの姿〉

幼児期・年長後半（学びの芽生え）
- 新しい言葉を聞いたよ
- どういう意味か知りたいよ
- 覚えた言葉を使ってみたいな

↓入学

一年生・入学当初（自覚的な学び）
- 正しく使えているかな
- たくさん使いたいな
- もっとうまく伝えたいな

〈保育者・教師が大切にすること〉

- 自分の気持ちを言葉で表現する楽しさを味わわせる。
- 言葉を通したやり取りのある遊びを取り入れたり，子ども自身で遊びを展開したりすることができるような工夫をする。
- 日常生活に必要な言葉がわかるようになるとともに，絵本や物語に親しみ，保育士や友だちと心を通わせることができるように励ます。
- 人の言葉や話などをよく聞き，自分の経験したことや考えたことを話すなど，伝え合う喜びを味わう場を設ける。

- 園での支援や経験を生かせるような声がけ・働きかけをする。
- 安心して生活ができるように，教師や友だちとの良好な人間関係が構築された学級集団づくりに努める。
- 「伝えたい気持ち」が「伝わる喜び」になるような働きかけをする。
- 言葉を通したコミュニケーションの場を設ける。
- 上手なコミュニケーションができた時に褒めたり，反対に自由な遊びなどの場でふさわしくない言葉づかいをした時に指導したりするなど，その場に応じた適切な指導をする。
- 教師自らが正しい言葉づかいを心がける。
- 国語科を中心に，語彙を増やすような授業づくりをする。
- ペアやグループ学習など，小集団の中での友だちとの話し合い活動を取り入れる。
- 教室の掲示物等，言語環境を工夫する。

〈大切な経験や活動〉
- あいさつ
- おしゃべり（対子ども・対大人）
- 異年齢との交流
- 自由遊び
- けんか　仲直り
- 読み聞かせ（絵本・詩・紙芝居）
- リトミック・歌
- ごっこ遊び（ままごと　お店屋さん）
- 季節のイベント
- 言葉遊び（しりとり等）
- かるた遊び
- テレビ・DVD 視聴
- 掲示物
- 読書
- 国語の学習全般
- ペア・グループ学習

目指す姿：よくわかった！　うまく伝えられた！

図 13-5　保育者と教師のジョイントカリキュラムの例

［栃木県：「栃木県の幼児教育と小学校教育をつなぐジョイントカリキュラム：つなげようとちぎのこどものまなび「学びの芽生え」から「自覚的な学び」へ」平成 29 年度幼小連携推進者養成研修のまとめ］

表 13-2 保育・教育の記録の観点

	子どもについて	保育者について
活動の振り返り	・何を楽しんでいるか ・どのようなことを学んでいるか ・どのようにしたいと考えているか ・葛藤をどのように乗り越えようとしているか　　　　　　　　　　など	・ねらい・内容は妥当であったか ・保育者のかかわりは適切であったか ・環境構成はふさわしかったか ・援助は適切であったか　　　など
今後の展開	・どのようなことに挑戦できるか ・どのように発展するか	・工夫や援助の仕方 ・課題の設定 ・環境構成　　　　　　　　　　など

の発達のつながりを姿としてとらえ，それぞれの教育方法を検討する。このうち一事例を，図13-5に示す[8]。例えば，言葉を獲得するテーマでは，小学校1年生の後半で「よくわかった・うまく伝えられた」姿になるまでの子どもの姿を，「新しい言葉を聞いた」→「どういう意味か知りたい」→「覚えた言葉を使ってみたい」→「正しく使えているか」→「たくさん使いたい」→「もっとうまく伝えたい」と言葉に置き換え，発達の流れをストーリーとしてとらえている。

このように，まずは子どもの育ちの姿を取り出し，目指す子どもの姿へと並べていくことで，発達過程を想像し，具体的なアプローチを考案していくとよいであろう。

(2) 保育・教育の評価とカリキュラムマネジメント

子どもの資質・能力の育成に向けて，一人ひとりの興味・関心，発達の課題等をふまえ，それぞれの個性に応じた学びを引き出していく目標を定め(plan)，実践し (do)，その時の子どもの言動に埋め込まれた個と集団の意味をとらえていくことで保育・教育を評価し (check)，保育のあり方を改善して実行する (act)。この **PDCAサイクル** による **カリキュラムマネジメント** によって，保育・教育の質を高めていく。この時，保育・教育の経過記録を表13-2のような観点で整理すると，客観的，俯瞰的にとらえることができる。また，日誌だけでなく，写真，画像（ドキュメンテーション）を用いて多様な視点から振

り返り，それを他の保育者と共有しながら創意工夫を図るとよいであろう。

　子どもは日々発達し，子どもの姿，興味・関心も変化していく。その変化に応じてよりよい保育・教育が展開されることで，子どもは充実した生活を送り，期待と自信をもって小学校へと就学していく。そのためには，保育者が常に保育の質の向上を目指していく必要がある。

■引用文献

1) 厚生労働省（2017）平成29年告示　保育所保育指針.
2) 文部科学省（2017）平成29年告示　幼稚園教育要領.
3) 内閣府，文部科学省，厚生労働省（2017）平成29年告示　幼保連携型認定こども園教育・保育要領.
4) 経済協力開発機構（OECD），無藤隆・秋田喜代美監訳（2018）社会情動的スキル：学びに向かう力，明石書店.
5) 田爪宏二（2018）記憶と情報処理．本郷一夫・田爪宏二編：認知発達とその支援，pp58-84，ミネルヴァ書房.
6) 文部科学省（2017）平成29年告示　小学校学習指導要領.
7) 汐見稔幸（2018）日本の保育・幼児教育はどこへ向かうのか．発達，**154**，2-8.
8) 栃木県：「栃木県の幼児教育と小学校教育をつなぐジョイントカリキュラム：つなげようとちぎのこどものまなび「学びの芽生え」から「自覚的な学び」へ」平成29年度幼小連携推進者養成研修のまとめ．https://www.tochigi-du.ed.jp/center/youji/joho/pdf/h29_joint_curriculum.pdf（平成30年9月1日）

さくいん

A-Z

ADHD……128
A not B エラー……37
ASD……127
CA……107
CHC 理論……106
DCD……128
DIQ……108
DQ……7
I……79
imprinting……7
IQ……107
LASS……61
MA……107
me……79
MLU……59
PDCA サイクル……148
S-M 社会生活能力検査第3版……86
SSP……75
TAT……112
WISC-V……107

あ行

愛他的行動……83
愛着……74
足場（づくり）……40, 61, 63
遊び……115
遊び観……116
アタッチメント……74
あと伸びする力……117
アニミズム的思考……44
アプローチカリキュラム……124, 146
アンダーアチーバー……109
生きる力……18, 108
育児語……61
一語文……57
一次元可逆操作……37
一次的言葉……60
一次的情動……67
一次的信念の理解……46
遺伝……3
移動運動……27
いま伸びする力……117
意欲……109
インクルーシブ保育……138
運動制御……27
運動調整能力……28
運動（の）発達……25, 144
エピジェネティクス……5
延滞模倣……39
オペラント条件付け……103
恩物……14

か

外言……59
概念的自己……80
外発的動機付け……110
科学的概念……52
書き言葉……60
学習……40, 102, 120
学習性無力感……110
学習不振児……109
学習目標……112
獲得……2
学力……108
過度の拡張……58
過度の制限……58
加配の保育者……134
カリキュラムマネジメント……148
感覚運動的段階……34
環境……3, 9, 19
環境閾値説……3
環境構成……19
環境調整……118
関係性欲求……111
観察学習……105
感情……65
——の機能……65
——の分化……67
感情調整……69
感情理解……71

き

擬人化……45
「気になる」子ども（児童）……72, 126, 129
規範意識……78
基本的感情……67
客我……79
客観的自己……79
教育……22
共感(性)……73, 83, 91

鏡像自己認知 …………… 79
協同遊び ………………… 92
協同性 ……………… 91, 121
共同注意 ………………… 55
協同的活動 ……………… 97
共有環境 ………………… 4
巨視表情 ………………… 71
均衡化 …………………… 33

〔く・こ〕

クーイング ……………… 54
具体的操作（期）……… 34, 50
クラス集団 ……………… 96
クロノシステム ………… 10
形式的操作期 …………… 34
結晶性知能 ………… 106, 140
原言語 …………………… 55
言語獲得援助システム … 61
言語的コミュニケーション
………………………… 57
言語(の)発達 …… 8, 54, 144
言語表現力 ……………… 73
言語理解力 ……………… 73
原始反射 ─→ 新生児反射
語彙の爆発 ……………… 58
合意形成 ………………… 98
向社会的行動 …………… 82
行動調整 ………………… 8
行動の背景 ……………… 8
誤学習 ………………… 131
刻印づけ ………………… 7
心の理論 ………… 39, 46, 73
誤信念課題 ……………… 46
ごっこ遊び ……… 39, 43, 95
古典的条件付け ……… 102
子ども・子育て支援法 … 16
子ども観 ………………… 12

子どもの家 ……………… 14
コンサルテーション …… 135
コンピテンス（欲求）… 111, 120

〔さ・し〕

再学習 ………………… 132
サリー・アン課題 ……… 46
三項関係 …………… 40, 55
3次元的認識 …………… 44
シェマ ……………… 33, 35
視覚と触覚の統合 ……… 36
自我の発達 ……………… 94
自己意識的情動 ………… 67
試行錯誤学習 ………… 103
思考の道具 ……………… 60
自己形成視 ……………… 44
自己決定理論 ………… 111
自己肯定感 ………… 121, 145
自己効力感 …………… 121
自己主張 …………… 81, 96
自己制御 ………………… 81
自己中心性 ……………… 44
自己認知 ………………… 79
自己の発達 ……………… 79
自己抑制 ………………… 81
自己理解モデル ………… 80
資質・能力 ………… 21, 142
姿勢制御 ………………… 27
実行機能 ………………… 47
質問紙法 ……………… 112
自閉スペクトラム症 …… 127
ジャーゴン ……………… 55
社会化のエージェント … 98
社会情動的スキル … 66, 140
社会情動的発達 ………… 66
社会性の発達 …………… 78

社会性発達チェックリスト
（改訂版）……………… 87
社会的学習理論 ……… 104
社会的感情 ……………… 67
社会的規範 ……………… 84
社会的コンピテンス …… 121
社会的参加のカテゴリー
………………………… 91
社会的参照 ……………… 40
社会的スキル ……… 99, 121
社会的領域理論 ………… 85
10の姿 ─→ 幼児期の終わりまでに育ってほしい姿
主我 ……………………… 79
主題統覚検査 ………… 112
循環反応 ………………… 34
障害受容 ……………… 136
障害のモデル ………… 126
小学校学習指導要領
…………………… 120, 123, 142
象徴遊び ─→ ごっこ遊び
象徴機能 …………… 43, 57
象徴的思考の段階 …… 34, 43
情動調整 ………………… 8
所記 ……………………… 57
初期環境 ………………… 6
初語 ……………………… 57
自律性欲求 …………… 111
新生児反射 ………… 2, 26
新生児模倣 ……………… 38
身体の発達 ……………… 25
身辺自立 ………………… 31

〔す～そ〕

遂行目標 ……………… 112
随伴性の理解 …………… 36
スタートカリキュラム

……………………124, 145
ストレンジ・シチュエーション法……………75
刷り込み……………………7
生活………………………115
生活科……………………123
生活年齢…………………107
精神年齢…………………107
生態学的システム理論……9
前言語的コミュニケーション…………………54
先行所有のルール………84
潜在的発達…………………5
前操作的段階…………34, 43
相互作用説…………………4
喪失…………………………2
即時模倣…………………38
粗大運動…………………27
素朴概念………………45, 52
素朴理論………………45, 52
ソマティック・マーカー仮説…………………69

た行

ターン・テーキング……54
胎動………………………26
代理強化…………………105
体力………………………25
多因子説…………………105
ダウン症（候群）………127
多語文……………………58
他者視点取得能力………73
多重知能の理論…………106
達成動機…………………112
脱中心化…………………50
田中ビネー知能検査……106
タブラ・ラサ………………3

知覚………………………25
──の協応…………29, 30
知的障害…………………127
知能………………………105
知能検査…………………106
知能構造モデル…………106
知能指数…………………107
注意欠如多動症…………128
調節………………………33
直観的思考の段階……34, 43
定型発達…………………127
投影法……………………112
同化………………………33
動機………………………110
動機付け……………109, 120
道具的条件付け…………103
洞察………………………104
同調…………………………78
道徳性……………………83
ドキュメンテーション…16, 117, 148
特別支援(保育)コーディネーター…………135
トラブル(物をめぐる)…94

な行

内言…………………51, 60
内発的動機付け…………110
仲間意識…………………97
仲間関係…………………90
泣き………………………54
喃語………………………54
2因子説…………………105
二項関係………………39, 55
二語文……………………58
二次的言葉………………60
二次的情動………………67

二次的信念の理解………46
日本版Vineland-Ⅱ適応行動尺度……………86
認知………………………33
  人に対する──………38
  物に対する──………36
認知的スキル………66, 140
認知発達……8, 33, 43, 144
能記………………………57

は行

把握………………………29
8か月不安……………39, 74
発達…………………………1
──の可塑性……………10
──の機能間連関……144
──の最近接領域………40
──の順序性……………28
──のメカニズム………2
──の連続性……………143
発達指数……………………7
発達障害………………60, 127
発達性協調運動症………128
発達段階……………5, 33, 43
発達要因………………3, 6
話し合い…………………98
反射運動…………………26
非共有環境…………………4
微細運動…………………29
人見知り………………39, 74
一人遊び…………………92
非認知的スキル…………140
非認知能力………………66
微表情……………………71
表示規則…………………70
表出…………………67, 70
表象………………39, 57

表面的発達 ……………………5
敏感期 ……………………………7
輻輳説 ……………………………4
ふり ……………………… 39, 40
分離不安 ………………………74
平均発話長 ……………………59
並行遊び ………………………92
ベイリー発達検査 ……………7
偏差知能指数 ………………108
保育 ……………………… 14, 22
保育観 …………………………13
保育所保育指針 ‥17, 19, 91, 123, 139
傍観的行動 ……………………92
保護因子 ………………………10
保護者支援 …………… 18, 135
保存概念 ………………………43

ま行

マークテスト …………………79
学び …………… 102, 115, 146
未学習 ………………………131
メタ認知能力 …………………51
目と手の協応 …………………36
メンタライゼーション …76
目的と手段の分化 ……………36
モデリング …………………105
物の永続性の理解 ……………36
模倣 ……………………… 38, 40

や行

役割取得 ………………………83
養護 ……………………………22
養護と教育の一体性 ………22
幼児期の終わりまでに育ってほしい姿 …… 21, 91, 109, 117, 144

幼児教育 ………… 18, 21, 139
幼児語 …………………………62
幼小接続 ……………………146
幼稚園教育要領 ……… 19, 91, 123, 139
幼保連携型認定こども園教育・保育要領 …… 91, 123, 139
読み言葉 ………………………60

ら行

リーチング ……………………29
流動性知能 ………… 106, 140
臨界期 ……………………………7
ルージュ課題 …………………79
レジリエンス …………………10
レスポンデント条件付け ……………………………102
レッジョ・エミリア（・アプローチ） ………16, 117
連携 …………………………134
連合遊び ………………………92
論理的思考 ……………………50

わ

ワーキングメモリ ……………48

人名

アリエス，P ……………………12
ヴィゴツキー，LS … 40, 59
ウエクスラー，D ……………107
エインズワース，M ………75
エクマン，P ……………… 67, 70
エリクソン，EH ………………5
キャッテル，RB ……………106
ギルフォード，JP …………106
ケーラー，W ………………104

コールバーグ，L ………84
サーストン，LL …………105
ジェームズ，W ………79
ジェンセン，AR …………3
シュタイナー，R ………15
シュテルン，W …… 4, 107
スキナー，BF …………103
スピアマン，CE ………105
ダーウィン，C ………67
ダマシオ，AR …………69
チュリエル，E ………85
デーモン，W ………80
ドロター，D …………136
ナイサー，U …………79
ヌーバー，U …………10
パーテン，MB ………91
ハート，D ………80
パブロフ，IP …………102
バンデューラ，A ………104
ピアジェ，J ……5, 33, 43, 57, 84, 116
ビネー，A …………106
フォナギー，P …………76
ブリッジス，KM ………67
ブルーナー，JS …………61
プルチック，R ………71
フレーベル，FWA ……14
フロイト，S ………………5
ブロンフェンブレンナー，U …………………9
ペスタロッチ，JH ………14
ボウルビィ，J ………74
マラグッツィ，L ………16
モンテッソーリ，M ……14
ルイス，M ………67
ローレンツ，K ………6
ワトソン，JB ………3, 67

執筆者・執筆担当

〔編著者〕

本郷 一夫 (ほんごう かずお)	東北大学名誉教授		第1章
飯島 典子 (いいじま のりこ)	宮城教育大学教育学部准教授		第13章

〔著　者〕（執筆順）

糠野 亜紀 (こうの あき)	常磐会短期大学幼児教育科教授		第2章
進藤 将敏 (しんどう まさとし)	北海学園大学経営学部准教授		第3章
鈴木 智子 (すずき ともこ)	仁愛大学人間生活学部准教授		第4章
平川 昌宏 (ひらかわ まさひろ)	東北福祉大学総合福祉学部准教授		第5章
小泉 嘉子 (こいずみ よしこ)	尚絅学院大学総合人間科学部教授		第6章
山本 信 (やまもと まこと)	聖和学園短期大学保育学科専任講師		第7章
平川久美子 (ひらかわ くみこ)	宮城学院女子大学教育学部准教授		第8章
杉山 弘子 (すぎやま ひろこ)	尚絅学院大学総合人間科学部教授		第9章
八木 成和 (やぎ しげかず)	桃山学院教育大学人間教育学部教授		第10章
高橋 千枝 (たかはし ちえ)	東北学院大学文学部准教授		第11章
市川奈緒子 (いちかわ なおこ)	渋谷区子ども発達相談センターチーフアドバイザー		第12章

シードブック
保育の心理学

2019年（平成31年）2月15日　初版発行
2023年（令和5年）10月30日　第5刷発行

編著者　本　郷　一　夫
　　　　飯　島　典　子

発行者　筑　紫　和　男

発行所　株式会社 建 帛 社
　　　　　　　　 KENPAKUSHA

〒112-0011　東京都文京区千石4丁目2番15号
　　　　　　TEL　（03）3944-2611
　　　　　　FAX　（03）3946-4377
　　　　　　https://www.kenpakusha.co.jp/

ISBN978-4-7679-5091-4　C3037　　　　　教文堂／田部井手帳
Ⓒ本郷一夫，飯島典子ほか，2019.　　　　　Printed in Japan
（定価はカバーに表示してあります）

本書の複製権・翻訳権・上映権・公衆送信権等は株式会社建帛社が保有します。
JCOPY〈出版者著作権管理機構　委託出版物〉
本書の無断複製は著作権法上での例外を除き禁じられています。複製される場合は，そのつど事前に，出版者著作権管理機構（TEL03-5244-5088，FAX03-5244-5089, e-mail : info@jcopy.or.jp）の許諾を得て下さい。